DIX ANS

A LA COUR

DU ROI LOUIS PHILIPPE.

Les exemplaires voulus par la loi ont été déposés, je poursuivrai comme contrefaits ceux non signés de moi.

Je fais paraître cet ouvrage en même tems en allemand au „Berliner Literatur Comptoir."

DIX ANS

A LA COUR

DU ROI LOUIS PHILIPPE

ET

SOUVENIRS

DU TEMS

DE L'EMPIRE ET DE LA RESTAURATION

PAR

B. APPERT

DE LA SOCIÉTÉ ROYALE DES PRISONS DE FRANCE.

TROISIÈME VOLUME.

Berlin,   1846.   **Paris,**

A LA LIBRAIRIE VOSS.   JULES RENOUARD & Cie.

LINDEN No. 27.   LIBRAIRES-EDITEURS.

RUE DE TOURNON No. 6.

CHAPITRE I.

VISITE AU BOURREAU DE PARIS. DÎNERS A NEUILLY.

Les ancêtres du bourreau actuel de Paris exercent de père en fils depuis plus de deux cents ans cette triste fonction, qui autrefois jouissait de prérogatives curieuses dont Samson, le fils de l'exécuteur de Louis XVI, m'a parlé plusieurs fois comme de droits bien injustement abolis à la Révolution de 1793.

„Ceci était d'autant plus inique," disait froidement Samson, „que c'est au moment où nous ne suffisions plus à la *besogne,* qu'on diminuait nos *émoluments.* Les appointements, fixés avant 1793 à seize mille livres, n'avaient pas encore remplacé les anciens produits, prélevés sur les marchés à notre profit,* et plus le sort des autres conditions s'améliore, plus la nôtre

---

* Les valets du bourreau alors percevaient pour lui cet impôt, et souvent ils avaient des rixes avec les paysans, venant apporter leurs denrées aux marchés, et c'est l'origine du proverbe: insolent comme un valet de bourreau.

devient précaire." „Il est vrai," continuait Samson, „que depuis l'invention de la *machine**
notre ouvrage est moins désagréable*, car, lorsqu'il fallait rompre, rouer, écarteler, décapiter avec le glaive d'un seul coup, ce qui ne réussissait pas toujours, nous avions besoin d'une grande attention. On nous a retiré un tiers de nos *honoraires*, et chaque jour, par les efforts des philanthropes, on ne cesse de menacer notre *existence*, en parlant continuellement de l'abolition de la peine de mort. Je vous assure, Monsieur Appert, que ce serait un grand malheur que de retrancher cette peine du Code, car les gens qui nous passent par les mains, ne reviendraient jamais au bien, si on leur laissait la vie."

Une autre fois Samson me dit: „Il est arrivé à mon grand-père une anecdote, qui vous intéressera peut-être, je vais vous la conter. Un jour de grande pluie un monsieur bien couvert, d'une figure distinguée, s'était réfugié sous notre porte-cochère. Mon grand-père lui offrit d'entrer se reposer, en attendant que le ruisseau, qui battait les deux murs de la rue, lui permit de continuer son chemin ou

---

* Il appelait ainsi la guillotine dont il ne prononçait jamais le nom, je ne sais pourquoi.

de pouvoir trouver une voiture. Ce monsieur accepta; une fois dans la maison, il dit à mon père: „„Je serais charmé, Monsieur, de savoir à qui je dois cette hospitalité."" „„Monsieur, je suis l'exécuteur des hautes oeuvres, tout à votre service, si j'en étais capable."" „Vous savez," continuait mon interlocuteur, „qu'on a des préjugés sur nous, eh bien! ce monsieur eut au contraire l'air fort content de causer avec mon grand-père, et lui dit: „„Monsieur, puisque le hasard me conduit chez vous, je serais curieux de voir les instruments des divers supplices."" „„Avec grand plaisir, Monsieur,"" et ils montèrent dans le cabinet qui les réunissait. L'étranger se faisait expliquer l'usage de chacun et les souffrances qu'on éprouvait. Arrivé au long glaive, dont je vous ai parlé en dînant chez vous, l'étranger dit: „„Ma foi, Monsieur, si je devais mourir par une exécution, je choisirais cette arme.""

Le tems se remit au beau, et le visiteur se retira, en remerciant mon grand-père et en promettant de le revoir. Quelque tems après cette visite M^r. le marquis de Lally était condamné à avoir la tête tranchée par le glaive. Mon grand-père, lorsqu'il se rendit pour l'exécution de cet arrêt, eut la douleur de reconnaître le monsieur, qui l'avait visité et qui lui dit avec calme et courage: „„Monsieur, lorsque je vous ai vu dans votre maison, je ne m'attendais pas, qu'en regardant vos instruments, je fixais mon choix sur celui qui devait m'ôter la vie, je suis à vos ordres."" Mon grand-père fut très-ému et n'obéit à la loi qu'avec la plus vive douleur intérieure, et c'est alors qu'il mit une remarque au côté qui servit à cette malheureuse exécution."

Lord Durham et lord Ellice, ministre de la guerre d'Angleterre, vinrent avec mon digne ami Bowring, me visiter quai d'Orsay, pour prendre un jour, afin de nous rendre chez Samson, qui avait offert de *monter la guillotine pour ces messieurs*. J'allai donc prévenir l'exécuteur que le samedi suivant nous viendrions le prendre. Comme c'était la première fois que j'entrais dans sa maison (située rue des marais), il fut enchanté de me bien recevoir.

Madame Samson avait ouvert la porte, et lorsqu'elle apprit mon nom, elle m'adressa les plus affectueux compliments et appela vite son mari qui, en me voyant, s'empressa de retirer le bonnet de coton, couvrant sa large et haute tête chauve. Il me reçut avec un respect, une déférence embarassés et voulut absolument me faire asseoir dans son fauteuil, ce qui, je l'avoue, ne me séduisait pas du tout; encore un préjugé. Je remarquais les gravures pieuses qui entouraient son cabinet, j'entendais toucher sur un piano l'air de la Muette (c'était sa petite fille), je pensais à tous les malheureux que Samson avait exécutés, je voyais avec horreur ce glaive à deux tranchants, marqué par deux fils, dont l'un rappelait l'exécution de M^r. de Lally, l'autre celle du chevalier de la Barre, j'étais impressionné, pensif, lorsque Samson me dit: „Monsieur, le fauteuil, sur lequel vous êtes assis, appartient depuis bien long-tems à notre famille, mon père et les siens y tenaient beaucoup et s'en servaient toujours." Je ne sais pourquoi, mais involontairement je me levai de suite de ce fauteuil, et pris congé de M^r. Samson.

Le samedi suivant, lord Durham vint me chercher dans sa voiture, (où se trouvait son neveu, héritier, je crois, de son immense fortune et de son nom,) mais il avait parlé à tant d'Anglais de notre visite à la rue des marais, qu'une foule de carosses nous suivirent, comme si nous allions à un enterrement. Lord Durham me demandait en route, s'il ne serait pas possible d'acheter un mouton pour le faire guillotiner. Je lui répondis, que cela donnerait lieu avec raison à de sévères critiques, et il n'insista pas. Arrivé rue des marais, voyant que nous étions au moins cinquante personnes, j'entrai seul chez le bourreau. Il était en grande toilette noire, et il nous conduisit sur le bord du canal St. Martin, chez le peintre, gardien du fatal instrument. Là, le caractère anglais eut l'occasion de se montrer tel qu'il est, chacun voulait toucher au coupret, aux panniers, se mettre sur la planche, qui tient le corps lorsqu'on le fait bousculer, pour que la tête se trouve juste dans la lucarne qui l'enferme et la place au-dessous du terrible couteau. Samson avait fait monter entièrement et repeindre la guillotine, et des bottes de paille servirent à démontrer la terrible puissance du coupret.

Vidocq aidait Samson et son fils dans leurs explications, qui m'inspiraient la plus vive répugnance, mais lord Durham, lord Ellice, Bowring et tous les autres assistants y trouvèrent un spectacle, qui les intéressa beaucoup.

Je quittai Samson, en abandonnant l'immense cortége, moins lord Durham qui voulut me reconduire chez moi, au quai d'Orsay. J'engageai, sur la prière de plusieurs amis, Samson à dîner pour le samedi suivant, et en acceptant il osa ajouter bien timidement: „Mon fils, qui me remplace souvent dans mes fonctions, serait bien heureux d'avoir le même honneur." „Comment donc, M^r. Samson, amenez-le, j'en serai fort aise," répondis-je.

Il y eut deux réunions à ma villa de Neuilly, où assistaient à dîner MM^{rs}. de Balzac, Alexandre Dumas, Fourrier et son zélé disciple et continuateur Victor Considérant, Harel, le phrénologue, le docteur Chapelain, représentant le magnétisme, Vidocq, Samson et son fils, Casimir Broussais, mon cher docteur et ami, etc. Le dernier dîné fut fait par le cuisinier Gillard, sur lequel on lira peut-être avec intérêt quelques détails.

Gillard, qui se nommait lui-même l'élève de la nature, croyait être destiné à la poésie, et malgré les sages avis de Béranger, il abandonnait son talent d'excellent cuisinier, pour courir bien infructueusement à *la gloire du Parnasse*. Il fit connaissance d'un autre amateur de vers de sa force à peu près, et alors une liaison s'établit entre eux. Gillard allait souvent visiter la servante de Madame Dupuytren et proposa à son ami Lemoine, d'y monter un soir ensemble. L'honnête Gillard ne pouvait avoir le moindre plaisir, sans le faire partager à son ami *le versificateur*, en sorte qu'ils se quittaient rarement. Un jour deux assassins se présentent chez Mme. Dupuytren, tuent sa servante, volent et se sauvent. Le lendemain toute la police est sur pied, on prend dans la maison le signalement des hommes que recevait cette malheureuse en arrière de sa maîtresse, et par suite des mauvais antécédents de Lemoine, qui avait déjà été condamné, on l'arrête. D'un autre côté on arrête aussi Gillard, qui de suite, et croyant à la probité de son ami, le désigne comme étant venu effectivement avec lui chez Mme. Dupuytren. Alors des perquisitions, faites chez Lemoine, le désignent, à n'en pas douter, pour l'un des assassins, et, comme cela arrive malheureusement à la police de tous les pays, des présomptions s'élèvent contre Gillard, qui d'ailleurs dans ses interrogatoires fait toujours le plus grand éloge de son ami. Ils sont renvoyés devant une cour d'assises. Lemoine est condamné à mort, et Gillard à cinq ans comme non révélateur. Il n'a manqué qu'une voix, pour qu'il subît le même sort que *son meilleur ami, aussi innocent que lui-même.*

Je visitai à Bicêtre, peu de jour avant son exécution, le malheureux Lemoine dans son cachot, et d'après ses confidences appuyées de preuves, j'ai acquis la certitude, que Gillard était innocent. Lemoine, en pleurant amèrement, me dit: „Monsieur, je suis un grand coupable, laissez-moi mourir, mais sauvez Gillard, c'est le plus loyal, le plus honnête homme, jamais son coeur n'eût consenti à un crime, et je le connaissais trop bien pour le lui conseiller."

Gillard de son côté me disait: „Monsieur, empêchez mon ami d'être exécuté, Lemoine n'a pas commis ce crime abominable, quant à moi je veux partager son sort ou avoir mon entière liberté, il n'y a pas là de demi-culpabilité." Le directeur de Bicêtre, l'estimable Monsieur Becquerel, que j'aimais malgré sa brusquerie apparente, habitué autant que moi, à juger le caractère, les passions et les moeurs des détenus, me disait au greffe ce même jour avec émotion: „Sauvez Gillard, laissez mourir Lemoine, je vous en prie, secondez mes démarches pour le pauvre innocent."

J'étais également convaincu, mais le lendemain de cette visite un homme que je connaissais (et qui depuis vit honnêtement dans un pays étranger) vint m'avouer, qu'il était le complice de Lemoine, et qu'avant de quitter la France, pour se sauver du même sort, il me demandait en grâce d'obtenir la liberté de Gillard. Certain alors de ce fait, j'osai en parler au Roi qui eut l'extrême bonté de rendre immédiatement la liberté à Gillard, en ajoutant à cette grâce un secours de trois cents francs.

Lemoine, quelques heures avant de mourir sur l'échaufaud, m'écrivit encore la lettre que je mets sous les yeux du lecteur.

„Monsieur Appert.

D'après la permission, que vous eûtes la bonté de me donner ce matin, j'ai l'honneur de vous transmettre une lettre adressée à Monsieur le procureur général. Je désire, Monsieur, que vous daigniez en prendre connaissance, avant de la lui remettre; ce sera une satisfaction pour moi, que vous puissiez connaître le fond de ma pensée. Je vous le répète, Monsieur, les hommes m'ont condamné à une mort glorieuse pour moi, mais ils ont méconnu la probité dans Gillard. Si j'avais été dans le cas de commettre un assassinat ou un vol, certes ce n'est pas l'honnête Gillard qui s'y serait prêté; la pensée me fait horreur, lui qui le premier m'a fait arrêter. Je vous laisse à penser, si c'est là la conduite d'un complice? Je le connais depuis quinze ans et depuis quinze ans, je le jure sur mon sang qui va couler, Gillard est un honnête homme.

Il me reste, Monsieur, à vous implorer en sa faveur; quant à moi je ne désire qu'à mourir. Le dernier pas qu'on me fait faire sur la terre sera le premier vers le ciel.

Je me considérerai comme heureux si j'ai le bonheur de vous voir pendant ma longue agonie. Ah! Monsieur, vous êtes si bon! si humain!

Agréez l'assurance du profond respect avec lequel j'ai l'honneur d'être

votre reconnaissant serviteur.

Lemoine.

On voit par cette histoire combien il faut se mettre en garde contre les impressions qui prennent leur apparence de réalité dans des probabilités.

Ainsi, en revenant au dîner dont il s'agit, j'avais à ma table le bourreau qui eût été appelé à trancher la tête de l'innocent Gillard qui était ce jour là notre cuisinier. Tous les convives, touchés de ce récit, m'engagèrent à le faire venir au dessert prendre le café avec nous, pour lui témoigner notre certitude sur sa non-culpabilité. Il fut si sensible à ce signe d'intérêt, que ses larmes coulèrent avec abondance.

Les deux bourreaux paraissaient stupéfaits et semblaient, en regardant Gillard, craindre d'avoir déjà exécuté des innocents.

Balzac, Alexandre Dumas furent très-spirituels dans leur conversation avec Vidocq et les Samson; on questionna le fils sur la sensation qu'il éprouvait, en remplissant son triste ministère. „Je suis tout chagrin," répondit-il, „lorsqu'on me prévient, et j'aime bien quand la chose est finie, mais que voulez-vous, c'est notre devoir, ce sont de grands scélérats; mon père, pour les pauvres jeunes gens de la Rochelle, si jeunes, si intéressants, coupables seulement de s'être laissés entraîner, a été comme moi-même bien désolé!"

La réunion de Fourrier, Considérant, Chapelain, etc., fut beaucoup plus sérieuse. Fourrier surtout, que j'aurais écouté avec tant d'attention sur son système, parla peu et avait l'air de souffrir intérieurement. Après le dîner le docteur Chapelain expliqua sa croyance au magnétisme, endormit un de ces messieurs dont les réponses furent vraiment extraordinaires. Le magnétisme en effet est encore une science dans l'enfance comme la phrénologie, mais certainement il existe des faits d'une certaine importance pour les observateurs.

Vidocq, par la célébrité de son nom mérite bien une mention particulière dans ces souvenirs écrits à la hâte, mais comme je l'ai promis dans mon *Voyage en Prusse* avec une entière indépendance et une stricte exactitude.

Né à Arras vingt ans environ avant la Révolution de 1793, Vidocq qui ne se plaisait pas beaucoup dans l'état de boulanger qu'exerçait son père, quitta la maison de ses parens de bonne heure. Il devint militaire, fit les premières campagnes de la République sous le général Dumouriez, et c'est pour revenir dans ses foyers, après quelques tours de jeunesse, qu'il fabriqua un passeport qui le fit condamner aux fers. Emprisonné à Bicêtre, de mauvaises connaissances le circonvinrent et son imagination ardente, sa rare intelligence, sa force physique, le besoin d'une activité extraordinaire firent de Vidocq un jeune homme audacieux, entreprenant, bambocheur, léger et peut-être un peu trop débauché. Il s'évada et proposa, si l'on voulait lui donner sa grâce entière, de rendre d'importants services à la police qui à cette époque était encore dans l'enfance, lorsqu'il s'agissait des grands criminels. Le chancelier, duc Pasquier, alors préfet de police, reconnut les qualités supérieures de

Vidocq, la grâce fut accordée, et une police, qu'on appela *la bande à Vidocq* fut créée à la préfecture de Paris.

On sait par ses écrits, combien ses rapports avec les criminels rendirent de services à la société, et tout en déplorant l'obligation d'employer des voleurs, pour en surveiller ou arrêter d'autres, je reconnais que souvent le résultat de cette police est plus efficace que celui de celle, que font d'autres personnes dont au reste la moralité n'offre guère plus de garanties. C'est d'ailleurs là le point difficile de la police secrète, car dans son organisation actuelle, quel est l'honnête homme qui consentirait à en faire partie!

Vidocq est certainement l'homme de police le plus capable, qu'on puisse trouver, mais pour obtenir le développement complet de son intelligence, il faut que ceux qui commandent lui accordent confiance et considération. Son caractère est franc et humain, et j'ai de lui un grand nombre de lettres qui toutes sont écrites pour des bonnes oeuvres, des bienfaits, qu'il sollicitait pour d'honnêtes et indigents ménages. Souvent même il secourait de sa bourse, en attendant mes réponses. Vidocq avait fondé à St. Mandé-Vincennes une papeterie, pour y occuper spécialement des libérés, mais le gouvernement qui ne protége rien de ce qui ne sort pas du cerveau des bureaux, loin de l'aider, regarda cet établissement avec jalousie, et Vidocq, pas plus que moi au château de Rémelfing, n'a pu soutenir son utile projet. Il créa ensuite un cabinet d'agence d'affaires, passage Vivienne, où chaque banquier, commerçant, étranger pouvait aller prendre des renseignements sur les personnes qui se présentaient pour conclure des marchés, offrir des effets à l'escompte, pour un abonnement de vingt francs par an. Ceux qui avaient été volés, et à Paris il y en a toujours une grande quantité, allaient trouver Vidocq qui pour un prix raisonnable finissait par faire restituer l'objet dérobé. Mais là encore Vidocq excitait la jalousie de la police officielle, qui ne retrouvait presque jamais les voleurs dénoncés à sa vigilance, tandis que lui, par sa petite escouade privée, en manquait peu. On lui fit un procès, il fut mis en prison, et enfin une jugement le rendit à la liberté et à son cabinet qui prospère plus que jamais.

Vidocq est amateur de tableaux, et sa galerie n'est pas sans valeur, il devrait avoir une belle fortune, mais pour ses propres intérêts, son intelligence et sa prudence lui font défaut, en sorte qu'il a beaucoup de créances, mais peu d'argent. Je sais mille traits du bon coeur de cet homme si extraordinaire; en voici un qui m'est parfaitement connu. On lui donne un billet de trois cents francs à escompter, il voit l'endossement d'un personne estimable, mais qu'une trop grande faiblesse à obliger place dans la plus fâcheuse position, il sait que malgré sa probité, elle ne pourrait rembourser, si le signataire ne payait pas, ce qui arrive effectivement à l'échéance. Alors après le protêt prescrit par la loi, Vidocq écrit à cette personne la lettre la plus polie; on lui exprime le regret de ne pouvoir rembourser, et Vidocq cesse toute poursuite et reste très-affectionné et dévoué à celui que tout autre maintenant déchire, accuse, calomnie, parceque la fortune ne lui a pas été fidèle.

Le dernier ouvrage de Vidocq, les mystères de Paris, est un tableau de moeurs malheureusement très-exact, et je me souviens d'avoir vu son principal héros, Salvador, au bagne, où il me conta secrètement les histoires les plus inconcevables.

J'ai voulu visiter avec Vidocq, un mardi gras, les cabarets de la Courtille et vraiment malgré tout ce que j'avais déjà vu, jamais un spectacle aussi crapuleux ne s'était présenté à mes yeux.

Nous allâmes *au sauvage, au grand vainqueur, chez les Denoyers*, etc. Pour entrer dans l'une de ces tavernes, il fallut acheter chacun, Vidocq, mon valet de chambre et moi, un morceau de veau et une bouteille de vin, et porter cela nous-mêmes dans *le salon*, qui était rempli de la plus mauvaise compagnie. Des voleurs, des filles publiques de tous les âges, des enfants, qui jouaient aux cartes, et dont l'ivresse était complète, faisaient de cette réunion la plus dégoûtante société. Plusieurs voleurs et voleuses vinrent se mettre près de nous, en disant à Vidocq: „Eh bien! papa Jules, comment ça va-t-il, il y a long-tems, n'est-ce pas, que nous nous connaissons, venez donc boire un coup avec les amis, vous savez bien que, malgré que vous nous avez fait mettre si souvent dedans, nous vous aimons bien, quand nous sommes dehors." Les danses indécentes, les propos de ces bals, pour lesquels l'indigent engage tout ce qu'il possède, offrent à l'observateur des moeurs de la populace, plus d'un grave sujet de méditation, pour moi j'avais le coeur gros de voir encore des pauvres gens vivre dans une si basse et si dégradante orgie.

Ce n'est pas le malheureux qui est coupable de cette humiliante décadence de l'homme, c'est aux gouvernements, à la société, dite distinguée, qu'appartient le devoir d'amener par l'instruction et une bonne éducation populaire surtout, la réforme morale des classes du peuple; ce n'est pas celui qui souffre d'une plaie qui mérite le blâme, c'est le médecin qui pourrait guérir le malade et qui ne s'en occupe pas. Les grands, les riches, les privilégiés de l'intelligence n'ont pas tous ces avantages, sans devoir payer une redevance aux moins heureux, c'est la dîme sociale, l'impôt le plus sacré qui doivent répandre dans les masses les bonnes leçons, les exemples du bien et de l'humanité. La misère, les infortunes, l'ignorance ne sont pas le partage égoïste d'une partie des hommes, chacun doit en porter sa part; si ce n'est par lui-même, c'est au moins pour alléger le fardeau de son voisin, comme les trésors de la fortune ne sont le patrimoine que d'un petit nombre, qu'à la condition expresse, qu'ils veillent sur les souffrances du prochain, pour en adoucir les rigueurs. Tout dans cette vie est pour l'avantage de tous, personne n'est excepté de la santé, de la maladie, de la mort, chacun, n'importe sa race, sa patrie, sa couleur, a un égal droit à la lumière du soleil, au repos de la nuit, à la nourriture utile au corps, de même aussi, suivant cet exemple de la nature divine, tout être humain a aussi droit à la subsistance intellectuelle, qui est la nourriture de l'âme, du coeur et de l'esprit; sans cela il n'y aurait pas de justice providentielle, et après toutes les merveilles que nous pouvons contempler sans relâche, cette supposition est inadmissible.

Souvenez-vous donc, présomptueux de tous les rangs, de toutes les conditions, qu'on ne possède jamais que les peines pour soi seul, qu'il faut les supporter avec résignation et patience, mais que tout ce qui est en notre pouvoir, capable d'être utile aux autres, doit leur être fidèlement distribué, alors vous n'aurez plus cette populace, qui est une honte plus pour vous encore que pour elle. Encouragez les caisses d'épargne pour l'ouvrier laborieux, laissez les hôpitaux qui existent, n'en formez pas de nouveaux, habituez l'artisan à compter sur ses économies, pour soulager sa vieillesse, mais pour arriver à ce but concevez bien, qu'il faut que votre sollicitude soit éclairée, paternelle et bienfaisante; occupez-vous surtout de la plus tendre enfance, reprenez l'édifice du mal par sa base, et vous *bâtirez* solidement, et à l'inverse des monuments ordinaires, que le tems détruit, le vôtre augmentera de force et de durée à mesure que les courses du soleil lui donneront un jour de plus de progrès, de gloire, et de succès.

Samson, dont Lord Durham avait été fort content, fut de son côté reconnaissant de la politesse de cette illustre seigneurie, et dans l'intention de lui être agréable, il m'offrit les vêtements, que porteraient les condamnés à mort, *dont les procès feraient du bruit*. C'est ainsi que j'ai eu long-tems les redingotes de Fieschi, de Lacenaire et d'Alibaud lors de leur exécution. C'était l'un des valets de Samson qui m'apportait ces habits et je lui remettais quinze francs à chaque *cadeau* pour le dédommager, ces tristes vêtements étant *leur profit*.

Les alliances des exécuteurs des hautes oeuvres en France, comme celles des grands se font toujours de puissance à puissance, en sorte que c'est une aristocratie, que les révolutions élèvent en même-tems qu'elles détruisent les autres. Ainsi la famille Samson est parente avec l'exécuteur de Versailles; celui-ci avec le bourreau de Lyon, ce sont des familles, que les mariages lient comme leurs fonctions les séparent du reste de la société.

Cependant le préjugé n'est plus aussi universel, car une place de ce genre devient-elle vacante, dans la même journée le ministre reçoit des centaines de pétitions, et les parents du défunt ne manquent pas, d'en appeler aux *droits du sang*. Comme il est extrêmement rare que les fils de bourreaux puissent s'établir convenablement dans une autre position beaucoup de gens croient, que la loi force le fils à succéder au père; c'est une erreur, mais l'intérêt est assez fort pour faire accepter toujours cet héritage.

J'ai reçu souvent plusieurs pétitions de très-honnêtes personnes, qui me priaient de les recommander, pour qu'ils obtinssent la préférence sur le grand nombre des postulants.

La vie privée de la famille Samson est curieuse. C'est encore le bon vieux tems du Marais, le dîner à une heure, le goûté à cinq et le souper à huit heures puis après la petite partie de piquet, toujours en famille, bien entendu. L'exécuteur actuel a deux jolies demoiselles, qu'il élève bien; elles sont musiciennes et paraissent avoir une bonne éducation, mais très-probablement elles épouseront des fils de bourreaux de grandes villes, car elles auront un peu de fortune, leurs parents ayant été économes et fort prudents pour le placement de leurs épargnes.

Au sujet de ces mariages je me souviens, que Vidocq me contait qu'on fit courir le bruit qu'il avait une fille à marier, et que, le supposant très-riche et sans d'autres enfants, une foule de prétendants à devenir son gendre, se présentèrent dans la même semaine, et parmi eux se trouvaient des fils d'excellentes et honorables familles, mais sans fortune. Vidocq qui n'a jamais eu d'héritiers riait beaucoup de cet empressement à solliciter l'honneur de s'allier à lui.

CHAPITRE II.

QUELQUES HOMMES POLITIQUES.

Le vieux comte de Ségur, pair de France, ancien grand-maître des cérémonies sous l'Empire, demeurait dans les derniers tems de sa vie rue Duphot, et souvent il avait la bonté de m'engager à dîner tête à tête avec lui. Son instruction immense, la gracieuseté de son acceuil, ses manières aimables et nobles en même tems, les intéressantes anecdotes historiques semées dans sa conversation, le récit de tous les événements dont il avait été l'un des acteurs ou au moins auditeur, les personnages illustres de son tems qu'il peignait d'une si parfaite ressemblance, tout ce qu'il contait de l'Empereur, de ses voyages, de la cour impériale, rendaient Monsieur de Ségur le vieillard le plus curieux, et l'on ne pouvait s'empêcher de le respecter et de l'aimer à la fois. Son secrétaire, Monsieur M . . ., m'avait donné pour mon journal des prisons un bon article contre la prostitution publique des rues de Paris, et voulant originalement appliquer ses principes, il alla un soir dans une de ces maisons, choisit la fille qu'il crut la moins corrompue, l'emmena, se fit conduire chez ses parents et la leur demanda en mariage. Cette singulière alliance se conclut, Mʳ. M . . . comblait sa femme de bons procédés, lui témoignait la plus vive affection. La première année de mariage se passa bien, ce brave homme venait me conter *son bonheur,* dont cependant il n'osait pas faire confidence à Mʳ. de Ségur; mais ces bien heureux jours d'essai d'une généreuse moralité ne devaient pas durer. Madame M . . . reprit ses mauvaises inspirations, eut de dangereuses fréquentations, ne voulut plus soigner son ménage ni le pauvre et trop confiant philanthrope. Une séparation scandaleuse fut indispensable et je n'ai plus entendu parler de Mʳ. M . . ., qui, je le crains bien, se sera suicidé ou est mort de chagrin.

J'allais dans le même tems dîner souvent chez Mʳ. Ternaux, place des Victoires dans l'hiver et à St. Oûin l'été. Ce célèbre et si excellent manufacturier, député et président de notre société d'instruction élémentaire, s'occupait beaucoup des prisons, des orphelins, des écoles, en sorte qu'il encourageait mes efforts avec une bonté toute particulière. Ses réunions fort intéressantes conservaient un cachet libéral où les sommités de cette opinion étaient représentées. MM^{rs}. le général Foy, Casimir Périer, B. Constant, Manuel, le baron Louis, Dupin, Etienne, y venaient souvent, et pour mon âge et mon désir d'observer, de m'instruire, ces assemblées m'offraient plus d'un motif de curiosité et de reconnaissance envers M^r. Ternaux. Cet homme respectable, d'un caractère très-généreux, aimait à soutenir et encourager toutes les institutions, destinées au peuple. Il disait souvent: „L'instruction doit être la soeur ainée de l'industrie, elle la guide, lui donne de bons avis, de précieux enseignements." L'esprit de Monsieur Ternaux était droit, simple et juste; son jugement loyal, intelligent et modeste; ses vues ne manquaient pas d'élévation, de sagesse et toujours nobles et indépendantes elles le plaçaient continuellement à la tête des fondations populaires et de progrès. M^r. Ternaux, en un mot, était le véritable ami du peuple, ses bienfaits soulageaient le présent et tendaient toujours à moraliser l'avenir des classes laborieuses.

M^r. le baron de Gérando fut, comme M^r. Ternaux, le constant appui de mes voyages et des publications dont ils étaient l'objet; je ne puis assez honorer sa mémoire et dire que ses conseils, ses encouragements furent pour ma carrière d'une bien heureuse influence. Mr. de Gérando, comme les Allemands, pensait avec suite aux réformes, utiles à l'élévation du caractère et des mœurs des masses. L'enseignement mutuel lui doit en France une grande partie de ses premiers progrès, et cet homme, si érudit philosophe, conseiller d'Etat, ami de tous les hommes illustres, Français et des autres Nations, accablé de travaux pour les ministères, ne dédaignait pas d'écrire lui-même de longues et bienveillantes lettres aux jeunes gens, envoyés dans les départements pour propager cette méthode. J'ai conservé avec autant de respect que de soin ses nombreuses et si bonnes lettres, qui, lors de mon séjour dans le département du Nord, m'inspiraient l'expérience, que me refusait ma jeunesse. Je trouvais dans cette correspondance, d'un ami plutôt que d'un haut fonctionnaire, une raison, une persévérance, une émulation, qui rendaient tous mes devoirs agréables à remplir. J'étais honoré de tels suffrages, et pour rien au monde je n'eusse voulu m'en rendre indigne. C'est au baron de Gérando, que j'ai dû l'honneur d'être compris dans la liste des premières médailles d'argent accordées par la société de l'enseignement mutuel aux fondateurs des nouvelles écoles. Les hospices, les sourds-muets, les salles d'asile, les Monts-de-piété, les caisses d'épargne comptaient ce véritable philanthrope au premier rang de leurs bienfaiteurs.

Le comte Alexandre de Laborde, comme M^r. de Gérando, s'est beaucoup occupé de ces établissements et des prisons, et nous fûmes chargés ensemble par le maréchal Gouvion St. Cyr de l'organisation de l'école régimentaire de la caserne Babylone. A la Révolution de Juillet M^r. Alex. de Laborde paya de sa personne, et nous aurons occasion d'en parler dans les derniers chapitres relatifs à l'ouvrage de M^r. L. Blanc. Ecrivain spirituel, causeur aimable, ayant un coeur excellent, d'une obligeance trop facile, d'une distraction continuelle, d'une grande faiblesse dans les relations ordinaires, M^r. de Laborde, réunissait à ces qualités, à ces défauts une bizarrie, nuisible à sa fortune, quelquefois à sa considération, mais malgré tout on retrouvait sans cesse comme dominatrices de cet excellent homme, la bonté, l'amour du bien et du progrès.

Lorsque j'ai été emprisonné à la Force, il fut le seul parmi les personnes haut placées qui ne désapprouva pas ce que les meilleurs appelaient mon impardonnable étourderie, et il m'adressa plusieurs lettres dans ma prison, qui me firent alors un grand plaisir.

Le vénérable et si respecté duc de Doudeauville, fut aussi l'un de mes premiers et plus affectueux protecteurs. C'est à son hôtel, rue de Varenne, que se réunissait le comité, chargé de reconnaître les capacités de ceux qui devaient aller, sous le patronage de la société de Paris, propager la méthode dite de Lancastre, et depuis nommée enseignement mutuel. M^r. de Larochefaucould de Doudeauville n'avait rien de la morgue des grands seigneurs d'autrefois; d'une sincère piété, d'une noble simplicité, d'un esprit élevé et supérieur sans être brillant orateur, Monsieur de Doudeauville entraînait à ses convictions. On voyait que la vérité, les vertus sociales, le bien-être de toutes les classes, l'avancement du progrès raisonnable des institutions, composaient tous ses désirs, excitaient toutes ses sympathies. Ce respectable protecteur de mes premiers efforts m'aivait souvent écrit de sa main, et ses lettres, que j'ai conservé précieusement, sont autant de pages d'un généreux coeur, d'un homme véritablement ami de l'instruction du peuple. On parle souvent contre l'ancienne noblesse, et moi même j'ai déploré plus d'une fois ses aveugles prétentions, mais si les parvenues étaient l'objet aussi particulier de notre examen, assurément ils réuniraient encore plus de sujets de sévères critiques. Quant à M^r. le duc de Doudeauville, il se faisait vénérer, respecter et aimer à la fois. Lorsque le Roi Charles X le fit directeur général des postes, puis ministre de sa maison, il n'accepta que par obéissance ces hautes fonctions, aussi donna-t-il de suite et noblement sa démission le jour où sa franche et loyale conviction fut contre le système politique du cabinet. Une telle détermination, d'un homme aussi vertueux, aussi religieusement honnête eût dû ouvrir les yeux du Roi; car c'était la fidelité, le dévouement, le désintéressement qui présentaient la lumière, pour éclairer et sauver la couronne.

Le duc Mathieu de Montmorency me recevait souvent aussi, (à son hôtel de la rue St. Dominique) et ses conseils, sa protection me furent très-utiles dans ce tems. Partisan de l'enseignement mutuel, quoique d'une grande piété, ami de l'instruction de la jeunesse indigente, ce noble duc fut par son nom surtout une preuve de l'injustice des attaques dont cette méthode était l'objet de la part, non pas de ses ennemis, mais bien de ceux qui sous le prétexte de la religion voulaient laisser le peuple dans l'ignorance.

Mʳ. de Montmorency, à la Révolution de 1793 jeune et de bonne foi, crut que le moment était venu pour la noblesse ancienne de suivre le mouvement des esprits, et il renonça le premier à ses armes, ce que sous les Bourbons après leur rentrée en France, on ne lui pardonnait pas. Cependant la pureté de la vie, des pensées du premier baron Chrétien, son nom toujours illustre le firent appeler au ministère des affaires étrangères, puis après à succéder à Mʳ. de Rivière comme gouverneur du duc de Bordeaux. Mʳ. de Montmorency avait le coeur généreux, l'esprit avancé, et ses sentiments religieux ne l'empêchaient pas d'être tolérant, d'aimer le progrès des sages réformes, de désirer l'amélioration des classes malheureuses. Cet homme de bien eût été certainement un précieux conseiller pour le duc de Bordeaux, mais la mort le frappa subitement à Saint-Thomas d'Aquin au moment, où il venait de communier un vendredi saint.

J'ai vu souvent aussi dans le même tems son parent, le duc de Laval de Montmorency, ambassadeur de France près la cour de Rome. C'était un vieillard bien conservé, ayant de bonnes intentions, mais peut-être d'un esprit trop droit, trop honnête pour être diplomate à cette époque et près cette cour surtout, où bien rarement on est franc et sincère.

Je ne suis fort heureusement pas ambassadeur, mais il me semble, que c'est une ancienne et stupide erreur de croire, que la dissimulation, l'hypocrisie, le mensonge soient de bons moyens, pour remplir cette haute mission à l'avantage de sa Nation. Je comprends bien, que dans certaines circonstances il ne faut pas dire tout ce qu'on pense à un gouvernement étranger, mais il y a loin de là à ne jamais penser ce qu'on dit. Le représentant d'une grande Nation gagnerait en considération publique, dans le pays où il séjourne, par la franchise, l'urbanité, la dignité de ses manières bien plus d'influence, que ne peuvent lui en donner les vieilles coutumes, le code des ambassades. Je voudrais aussi, que ces hauts fonctionnaires n'oubliassent jamais, qu'ils sont surtout appelés à protéger leurs compatriotes, à les soutenir dans toutes les circonstances, contre les vexations ou les injustices des polices étrangères, et qu'ils ne se renfermassent pas dans cet orgueilleux dédain, qui laisse même souvent sans réponse des lettres polies, et méritant de leur part au moins une attention de compatriote. Je pourrais citer des faits, où certains ambassadeurs, richement payés, (quoique presque toujours dans les antichambres de Paris) ne daignent pas, lors de leurs courtes apparitions au siége de leurs fonctions, donner un signe de bienveillance, d'intérêt, de protection, d'appui aux nationaux, qui ont dû réclamer leur intervention contre des menées ténébreuses d'une police aveugle et soupçonneuse.

Il paraît, que toucher de bons gros appointements, rester en humble harmonie avec les ministres étrangers, craindre de leur déplaire, se contenter de leurs exigences, pourvu qu'il ne s'agisse pas d'une déclaration de guerre, jouir mollement des douceurs d'une haute et productive position, sont des attraits bien autrement puissants qu'une indépendance constante, une bienveillance continuelle pour ses compatriotes, qui, je le répète à regret, ne trouvent pas auprès de ces nouveaux grands seigneurs l'affabilité et la cordialité, dont le

Roi de France, au nom duquel ils trônent sur la terre étrangère, est toujours lui-même si constamment prodigue dans son palais.

J'ai eu de nombreux et bienveillants rapports pour l'enseignement mutuel avec le vénérable duc de la Vauguyon, qui avait été gouverneur des enfans de France, bien avant la Révolution de 1793. Ce noble vieillard s'occupait avec le plus honorable zèle de la propagation de cette méthode, et malgré son grand âge il présidait avec assiduité la société d'instruction élémentaire. Mʳ. de la Vauguyon avait eu une grande existence à la cour de Louis XV et de Louis XVI, et j'éprouvais une vive curiosité à l'entendre conter des anecdotes de ce tems, qui prouvaient toutes, combien les cours et leurs immoraux adorateurs avaient préparé et amené la décadence et la ruine de la vieille royauté.

Le duc de la Rochefoucault-Liancourt, l'un des premiers propagateurs de la vaccine, de l'enseignement mutuel, fondateur de l'école des arts et métiers de Châlons, administrateur ou plutôt le père des hôpitaux et des pauvres, le premier qui, après Howard et St. Vincent de Paul, réclama énergiquement contre le régime abominable des prisons, me comblait comme

MM^{rs}. de Doudeauville, de Montmorency, de la Vauguyon, des plus aimables témoignages d'intérêt, en sorte que ma jeunesse, honorée de l'appui d'une si puissante tutelle, ne pouvait rester tout à fait stérile, avec son extraordinaire début lors de mon voyage en Normandie.

M^r. de la Rochefoucault, dont j'ai des lettres bien précieuses à mon coeur, me disait quelque tems avant sa mort: „Mon jeune ami, ne vous découragez pas par les persécutions de M^r. de Corbière, ni par les obstacles que vous rencontrez, suivez toujours votre vocation, si utile au sort des malheureux prisonniers; je suis vieux, mais j'ai la conviction que vous ne laisserez pas dans l'oubli cette cause de la captivité, soyez pour elle mon successeur, je vous en prie!"

Le bon duc me laissait là un héritage au-dessus de mes forces, car le remplacer eût été impossible, marcher de loin sur ses traces était déjà une tâche assez difficile; enfin, j'ai fait mon possible et jamais je n'oublierai cette mission de bienfaisance. Le fils de cet ancien et vénérable ami du bien, M^r. le marquis de la Rochefoucault-Liancourt, s'occupe avec une respectable sollicitude de toutes les bonnes oeuvres, dont le germe était dans l'esprit de son illustre père, et je pourrais conter mille traits de sa vie, qui l'honorent et font toujours bénir le nom de la Rochefoucault, immortel dans les annales de l'humanité!

Peu de mois après ma dernière visite à mon généreux protecteur, il venait d'être destitué, oui, destitué de tous *ses emplois gratuits,* par M^r. de Corbière, le ministre de l'intérieur, dont on n'a pas besoin de frapper la médaille, pour que son nom reste comme le stupide emblème du pouvoir, de l'ignorance, et des exigences les plus contraires à l'esprit du tems. *Le père aux destitutions,* ainsi que le nommait le Dauphin, avait oublié, que M^r. le duc de la Rochefoucault était aussi président du comité de vaccine, et qui ne se souvient de cette noble et touchante lettre, où l'illustre et populaire duc fait connaître au comte de Corbière cette omission de sa part.

Lorsqu'un gouvernement en arrive à persécuter des hommes si rares, dont toute la vie est consacrée aux progrès des intelligences et de la charité, il est bien près de sa chute, car on peut se tromper sur la politique, avoir diverses opinions sur les moyens de diriger les affaires d'une nation, mais jamais il n'est permis de proscrire l'exercice d'une bienfaisance éclairée; ce n'est plus une erreur excusable, c'est un crime aux yeux de Dieu et de l'humanité, sa plus divine émanation.

Ce pouvoir imbécile et imprévoyant devait achever son oeuvre d'opposition contre le duc. Il meurt, toute la population parisienne, riche ou pauvre, se rend à ses funérailles. Ses bien chers élèves de l'école des arts et métiers veulent porter son cercueil à la voiture, qui l'attend à la barrière, pour le conduire à Liancourt, son séjour favori, puisqu'il a pu sans obstacle y créer des écoles, des fabriques, qui font encore aujourd'hui le bonheur de ce pays, mais la police, toujours plus outrée dans ses mesures, dans ses craintes de séditions, que son ministre même, veut s'opposer à ce témoignage de pieuse reconnaissance, elle veut s'emparer du corps; on résiste, et dans ce débat le cercueil tombe et se brise dans le ruisseau de la rue St. Honoré! J'étais indigné comme tous les assistants; un tumulte épouvantable, des cris énergiques de blâme sortent de toutes les bouches, et ce triste triomphe de l'autorité devient un nouveau présage de sa mort prochaine. Un gouvernement, qui ne comprend pas, que la reconnaissance est toujours une vertu qui élève l'âme, en purifiant l'esprit, n'est pas digne de commander au peuple, qui exprime ce sentiment, pour honorer la mémoire de ses bienfaiteurs, et dès ce jour d'abdication morale il est bien près de sa fin, et en effet, celle du gouvernement des Bourbons ne s'est pas long-tems fait attendre.

L'abbé Grégoire, ancien évêque de Blois, m'honorait aussi de son affection, et j'aimais beaucoup à le visiter, rue de Seine. La vie de cet ancien juge de Louis XVI, ayant voté sa mort, offrait de puissants motifs d'intérêt historique, et ne me rendant pas compte de la nécessité de condamner à mort, et d'exécuter cet infortuné monarque, j'étais curieux de causer avec cet homme si philanthrope de cette déplorable circonstance. L'abbé Grégoire avait surtout à coeur l'abolition de l'esclavage des noirs, et chaque fois, qu'une heureuse occasion de publier ou de dire sa pensée sur cet abominable usage se présentait, c'était avec zèle, lumière et conviction, que cette cause le possédait comme défenseur.

La conversation de ce prélat, spirituelle, vive et instructive, prouvait qu'il avait beaucoup vu et vécu dans l'intimité des grands hommes de la Révolution de 1793. Sa fidèle mémoire, son érudition, ses affectueuses manières donnaient un charme particulier à ses entretiens. Un jour, qu'il était bien content d'un petit volume, que j'avais publié sur les prisons, il me dit: „Mon cher Appert, pour vous récompenser de votre zèle, je vais vous montrer une bien précieuse relique des os de St. Augustin." Il ouvrit son secrétaire, prit avec grande précaution une boîte bien entortillée de velours, en tira un petit reliquaire qui, à travers une glace, laissait apercevoir en effet quelques parties d'os. L'abbé Grégoire touchait cette boîte avec une religieuse attention et parlait très-dévotement de son contenu.

Je fus surpris de voir ce *régicide terrible,* comme l'appelaient les ultras de l'époque, conserver une telle vénération, pour une croyance si loin du caractère d'un juge sanguinaire, d'un révolutionnaire sans pitié pour son Roi malheureux. Je n'ai jamais pu approuver l'arrêt prononcé contre ce prince, mais voici ce que des personnes de l'époque, comme l'abbé Grégoire, qui avait, je crois, le coeur généreux et humain, disaient pour combattre mon opinion.

„Il ne faut pas juger les événements passés depuis quarante ou cinquante ans avec les idées présentes, et les sensations du moment actuel, car on ne peut apprécier les motifs qui ne sont plus là pour condamner ou approuver les opinions. La mort de Louis XVI sauvait la vie à un million d'hommes et rendait la patrie libre et indépendante. L'abbé Grégoire était contre la peine capitale, ainsi que la plupart de ceux, qui la prononcèrent cependant contre ce pauvre Roi. Gardez-vous donc aujourd'hui, que vous ne pouvez plus connaître exactement la position de la France et des partis, de vous prononcer contre les hommes qui se sont fait violence, pour accomplir ce pénible et patriotique acte de bon citoyen."

J'ai vu aussi avec un grand intérêt, en dinant chez mon ami Oudard, l'ancien ministre de l'intérieur Garat, qui eut la bien triste mission d'aller au temple, lire à Louis XVI son arrêt de mort. Il contait que malgré ses sentiments tout patriotiques cette entrevue avait été bien affligeante pour son coeur. Le Roi le reçut avec la plus noble dignité, entendit sans l'interrompre cette lecture, resta calme, en conservant une physionomie imposante sans fierté, royale sans orgueil, son regard fut plein de majesté et de grandeur. Je frissonnais en entendant le récit de cette scène historique, par son second acteur. Chaque fois que la politique touche une existence je suis contre l'application de la peine de mort, parceque jamais dans ce cas le juge n'est indépendant de ses propres passions.

Le comte Lanjuinais, ancien président de la chambre des députés, qui avait voté pour le bannissement de Louis XVI, était comme Garat d'une petite taille, mais d'une vivacité peu commune et surtout d'une grande énergie dans les moments de dangers. Il m'invitait souvent à dîner à son hôtel de la rue du Bac, et toujours ces réunions étaient on ne peut plus intéressantes. Le regard vif et spirituel, un esprit fin et savant, une repartie prompte, une mémoire excellente, les grands drames qui le fixèrent à Paris après son arrivée de la Bretagne, une érudition profonde exprimée toujours avec à propos et sans prétention, jugeant parfaitement les hommes et les choses, en faisant la part raisonnable de l'influence des circonstances de la vie politique, un grand respect pour la religion et les écritures saintes, une affectueuse bienveillance pour la jeunesse, et constamment désireux de la voir s'élever moralement, une causerie aimable et attachante, telles étaient les qualités dominantes de ce pair de France, véritablement ami du pays et de sa civilisation.

Madame la comtesse Lanjuinais et ses enfants étaient dignes de comprendre le noble caractère du chef de leur famille, et j'ai toujours été charmé de mes nombreux et intimes rapports d'amitié avec le comte Lanjuinais, aujourd'hui membre de la chambre des pairs.

M^r. le comte Alexandre de Lameth et son frère Charles m'accordaient une indulgente amitié, et je recevais souvent des lettres de leur part, quelquefois même ils m'honoraient de leur visite pour me recommander des malheureux, qui avaient écrit aux princes.

Alexandre de Lameth d'une taille élevée, se tenait droit, marchait avec distinction, s'habillait comme en 1793, sans pourtant être ridicule. La poudre de ses cheveux, la blancheur de son linge, le soin de sa toilette en faisaient un type de l'ancien régime qu'on aimait à retrouver. Le coeur chaud et patriotique, une rare et constante indépendance, sans préjugé autre que celui de rendre sa vie utile aux progrès des institutions populaires, un caractère gracieux, franc, dévoué et toujours sincère, une connaissance supérieure des faits de la Révolution de 1793, une impartialité honnête pour tout le monde rendaient Alexandre de Lameth, toujours intéressant, toujours curieux à entendre et à fréquenter. Lors de l'indemnité des émigrés, il abandonna la somme considérable, que représentait sa part, à la société d'instruction élémentaire pour fonder ou encourager des écoles de pauvres.

Mr. Charles de Lameth était aussi bienfaisant, d'un caractère aimant et d'une probité politique très-rare de nos jours.

J'ai vu souvent avec grand intérêt chez le bon chevalier de Broval les vénérables Lacroix-Frainville, marquis de Lally, du même tems, aussi honorables et dévoués aux mêmes intérêts nationaux.

Les ducs de Bassano et de Gaëte m'honoraient également de leur bienveillance, et je ne puis rapporter toutes les intéressantes conversations que j'eus avec ces deux anciens et dévoués ministres de l'Empereur Napoléon. Le duc de Bassano, d'une haute taille, d'une noble et belle physionomie toujours digne, aimable et affectueux, était dans les derniers tems de sa vie un vieillard des plus intéressants à entendre. Le Roi Louis-Philippe qui le voyait souvent en faisait un grand cas, et de son côté le duc honorait et louait sans réserve le caractère et les sentiments du Roi des Français.

Sous l'Empire M^r. de Bassano eut la position la plus élevée et l'entière confiance de Napoléon, confiance toujours justifiée pendant son règne et remplacée sous les Bourbons, par une constante affection et de religieux regrets. Le Duc de Gaëte passait pour un savant ministre des finances, et dans ce poste, si difficile pendant les guerres impériales, sa probité, sa rigoureuse exactitude, son intégrité reconnues de tous rendirent les plus louables services à l'Empereur et à la France.

M^r. Eynard (déjà nommé dans ces souvenirs), quoiqu'il fût Génevois, n'en devint pas moins pendant plusieurs années en France un puissant protecteur de la cause des Grecs, et par ses soins, ses sacrifices généreux, des sommes considérables, de nombreuses souscriptions réunies en faveur de ce peuple héroïque, secoururent bien utilement ce noble et si intéressant pays, et c'est peut-être en partie aux efforts persévérants et energiques de M^r. Eynard, que les Grecs doivent aujourd'hui leur nationalité indépendante. Espérons, que le jeune Roi, chargé de ses destinées, pourra désormais achever cette grande oeuvre de régénération pour laquelle battent tous les coeurs, amis de la liberté des peuples et d'une sage civilisation.

Madame de Cambry, qui avait connu la cour de Louis XV, Voltaire et toutes les célébrités de la convention, de l'Empire, était une personne fort intéressante à entendre causer; la gracieuseté de son caractère, sa gaieté faisaient oublier ses nombreuses années. C'est chez elle à Charenton, que j'ai dîné plusieurs fois avec le général Santa-Anna, devenu si célèbre et si puissant et qui était alors proscrit. Ses discours, son esprit, la bonté de son caractère, me font douter des atrocités dont on l'accuse, depuis qu'il avait ressaisi la suprême puissance de dictateur; car je ne puis croire que l'homme, ayant de semblables dehors, soit tout à coup devenu tyran et sanguinaire implacable. Il est vrai, que certains personnages politiques sont excellents tant que la disgrâce, le séjour sur une terre étrangère les placent loin des grandeurs, que rêvaient leur ambition.

Nous reviendrons à cette galerie de portraits du grand siècle.

CHAPITRE III.

VOYAGES AVANT 1830.

Les voyages sont pour tous les hommes une mine féconde et intarissable. Observer, connaître, apprendre, tel est leur résultat. Sous la Restauration mes voyages étaient pour le gouvernement l'objet d'une surveillance spéciale, et toujours il y voyait une idée politique, qui, loin de mes pensées, excitait cependant sa méfiance et quelquefois sa colère. Ses journaux ne manquaient pas de tourner en ridicule ou en mal ces courses bien innocentes. Ainsi que je l'ai dit, j'ai un grand éloignement pour les conspirations, et jamais mon esprit n'a eu la faiblesse ou le courage de s'associer aux comités secrets de Charbonnerie ou de tout autre club. Les préfets des départements, que je voyais à mon arrivée dans les grandes villes, m'ouvraient avec répugnance, mais toujours avec les dehors de la bienveillance les portes des prisons et des hôpitaux, et à cette époque la puissance de mon constant ami et défenseur *le Constitutionnel* était tel que, sans le vouloir, s'en m'en douter, j'avais une autorité négative plus forte certainement que celle qu'aurait pu me donner une nomination ministérielle. Un gouvernement qui ne s'appuie pas sur l'opinion publique crée ainsi contre lui-même une résistance permanente dont au moment du danger il ne peut plus retenir les progrès, l'influence, et dès ce jour, il n'a plus pour lui que la force matérielle. Alors comme un joueur qui risque son va-tout, une seule mauvaise chance peut lui devenir mortelle. Au contraire, lorsque c'est la force morale qui soutient l'autorité, elle reste toujours au-dessus des passions exagérées, les domine en les écrasant, par le concours actif de tous les bons citoyens.

La presse des départements, charmée de trouver l'occasion de blâmer le pouvoir, ne manquait pas de publier les abus, que je rencontrais si souvent dans le régime des maisons de détention, ou des bagnes, et des questions toute d'humanité devenaient malgré mes intentions des discussions de partis. De là les éloges des uns, les vifs et injustes reproches des autres, et poussé sur un terrain qui n'était plus celui de ma culture, mes *semailles* levaient trop vite, ou périssaient sous le sol.

J'ai visité successivement la plus grande partie des départements de la France et les établissements des villes de Bâle, Lausanne et Genève en Suisse. Dans ces divers et nombreux voyages je recevais bien fréquemment des témoignages d'un intérêt, provoqué sans doute pas le but auquel tendaient mes efforts et aussi par mon âge à peine au-dessus de l'adolescence.

A Lyon, où je restai trois jours à l'hôtel de Malte, je fus bien étonné lorsque, voulant payer ma note de dépenses, j'appris, qu'elle était déjà acquittée par les voyageurs du commerce, qui voulurent, me dit l'hôtelier, que je fusse leur hôte.

A Brest je désirai aller au spectacle, et lorsque je demandai un billet, le contrôleur me dit, qu'il n'y en avait plus qu'un pour une loge d'avant-scène louée par messieurs les officiers de la garnison et qu'ils me priaient de l'accepter. Les journaux des provinces et de la Suisse rendirent compte avec une bienveillance particulière de mes visites et de mes observations. *

En Suisse surtout les premiers magistrats, les ecclésiastiques de toutes les communions, les directeurs des établissements publics m'accueillirent avec une fraternité et des égards que je n'oublierai jamais. Le respectable pasteur Ramu, Messieurs Chavannes, Aubanel, Dutremblay, le bourguemestre de Bâle m'accompagnèrent dans toutes mes visites, et depuis M^r. Ramu est resté mon bon et bien cher ami.

Lors de mes voyages dans le midi je fus particulièrement bien accueilli à Bordeaux par MM^{rs}. Feullade de Chauvin, de Sèze, Dintrans, à Marseille par le préfet comte de Villeneuve, le docteur Ségaud, M^r. Rabaud, à Montpellier par MM^{rs}. Vialars, le docteur Lallemand, général Bro, Lichtenstein, le commandant Desbros, à Nîmes par MM^{rs}. Madier de Montjau, de Castelnau, Despinassoux, à Aix par le procureur général Borelly, les membres de la magistrature, le bon juge de paix Laidet, mon ancien et vieil ami Moureau de Vaucluse, le

---

* Je le répète, c'est pour donner à mes *Souvenirs* la couleur de chaque époque que je rapporte ces circonstances, prouvant d'ailleurs l'opposition du gouvernement d'alors.

professeur Giraud et M^r. le cardinal archevêque d'Aix. Les nommer en leur exprimant ma reconnaissance, c'est aussi m'honorer de l'appui et de l'affection de tels citoyens.

Ce qui surpassa mon attente et tout ce que je pourrais en dire, ce fut la réception des préfets maritimes de Toulon, Brest, Lorient, Rochefort. Il est vrai, que M^r. Hyde de Neuville leur avait adressé des dépêches, prescrivant qu'on eût pour moi et mes observations la plus haute attention. A cette occasion je ne veux pas me priver du plaisir de rendre une entière justice aux désirs bienfaisants de cet honorable ministre.

M^r. Hyde de Neuville, dont le royalisme et la fidélité sont passés en proverbe, avait une rare et bien précieuse qualité, celle de joindre aux inspirations d'un esprit bienveillant les impulsions de son excellent coeur. Les bagnes fixèrent toute sa sollicitude et des ordonnances de réglements de réforme attestent, quoique peut-être bâsés sur des croyances peu certaines, que ce ministre a cherché et voulu faire le bien.

Je l'ai entretenu avant mes visites à ces établissements, et aussitôt mon retour à Paris il me fit engager par ses neveux, MM^rs. de

Saint-Leger et de Larue à venir le voir chaque fois que j'aurais une amélioration à lui proposer.

Je ne puis entrer dans de longs détails sur mes visites à chaque bagne, me réservant de publier immédiatement après cet écrit un ouvrage spécial sur ces établissements et les prisons. Je ne mentionnerai aujourd'hui que les principaux faits de nature à intéresser le lecteur.

A Toulon je retrouvai un grand nombre des condamnés de Bicêtre, et des prisons de Paris, ces malheureux m'exprimèrent la plus respectueuse satisfaction de ma visite, et dans le peu de jours, que je restai en cette ville ils m'écrivirent plus de quatre cents lettres. La première fois que j'entrai dans ce triste asile du désespoir et de la misère, mon coeur pénétré de douloureuses sensations ne pouvait rester étranger à tant d'infortunes diverses et surtout au malheur moral de ce mélange de tous les crimes et de tous les âges. Des personnes bien estimables de l'administration, de la justice, au nombre desquelles se distinguaient MM[rs]. l'ingénieur Bernard, l'avocat Senès s'occupaient de provoquer d'utiles réformes, mais sans beaucoup de succès. A Lorient, ainsi que je l'ai dit, se trouvaient les pauvres soldats; à Brest et à Rochefort les plus grands criminels, le comte de Ste. Hélène, les abbés Contrafatto et Molitor, Petit, Colette, l'empoisonneur Royer, Salvator, Lacollonge, etc. Ces hommes donnaient l'exemple des plus dangereux conseils, du cynisme et de l'immoralité la plus révoltante. A Brest quatre condamnés fixèrent particulièrement mon attention. B... Drouillet Huet et M..... Le premier parfaitement élevé, fort instruit, bien repentant voulut me confier tous ses secrets, et vraiment, cette histoire m'inspira pour lui le plus vif intérêt; car les circonstances extraordinaires de sa vie le rendaient excusable d'avoir fait des faux. Marié à une femme d'une bonne famille, allié à de grands noms, obligé de briller et de dépenser, comme ses nouveaux parents, B... ne fut pas assez énergique pour se renfermer dans de prudentes limites, et pour payer des dettes pressantes, cacher à tous les yeux le désordre de ses affaires, il créa des lettres de change, qu'il espérait pouvoir acquitter aux échéances. Sa femme coquette, habituée aux bals, aux plaisirs, à la toilette, ne pensant même pas, ainsi que cela arrive si souvent à Paris, aux sommes considérables, absorbées chaque mois, pour achever le malheur de B... après avoir eu un enfant qu'il adorait, devint infidèle. La séparation du ménage fut donc indispensable et avec elle l'abîme s'ouvrait pour le pauvre B..., qui aimait si tendrement la mère de son enfant. Les lettres de change ne purent être payées, on poursuivit et, ne trouvant pas les signataires, une plainte fut portée contre B..., qui dans son trouble et son chagrin n'eut pas même l'idée de fuir.

Son enfant, seul trésor qui restait à son cœur, fut placé rue Philippeaux, chez une pauvre femme, moyennant une petite pension payée chaque mois très-régulièrement, non pas par la mère, la débauche lui ayant ôté toute bonne qualité, mais par le malheureux père condamné à dix ans de fer. Conduit au bagne de Brest ce jeune homme fut de suite distingué par l'administration et placé dans un bureau de l'établissement, où je le vis pour la première fois. B... eut en moi une telle confiance, qu'il m'apprit son projet d'évasion pour venir à Paris reprendre son fils et se sauver avec lui sur une terre étrangère.

Un matin au quai d'Orsay un monsieur demanda à m'entretenir seul, et une fois dans mon cabinet, il retira des lunettes vertes, des moustaches, une perruque qu'il portait et je reconnus alors seulement le condamné B... du bagne de Brest. Mille aventures avaient pendant le voyage après l'évasion compromis sa liberté, enfin arrivé à Paris il courut chez la gardienne de son enfant. Hélas, elle était morte et personne dans la maison ne pouvait lui dire, si son fils vivait encore et où il avait été placé après le décès de cette malheureuse. Le plus vif désespoir accablait B..., il me suppliait de lui rendre le *seul objet de ses espérances,* et ne voulait plus quitter la capitale. Que pouvait désormais lui servir la liberté si chèrement reconquise, peu lui importait un nouvel esclavage, de nouvelles chaînes pourvu qu'il apprît où respirait son fils bien aimé !

Vraiment cette extrême douleur me touchait le coeur, et dès lors je pris la ferme résolution de rechercher cet enfant pour le remettre sous une si affectueuse autorité. Mais il fallait sauver B... d'une nouvelle détention, et son séjour à Paris ne pouvait se prolonger ; j'obtins donc de lui, qu'il se rendrait, en attendant le succès de mes démarches, en Angleterre où il avait de riches parents.

Sa correspondance que j'ai encore est une suite touchante de malheurs, de chagrins, de dangers et n'ayant pu retrouver le pauvre enfant, mort sans doute sous un autre nom dans quelque hospice, B... ne voulut plus songer à rentrer en France et aujourd'hui la fortune, lasse de le poursuivre vient de lui accorder la confiance d'un Roi, qui le comble de ses bienfaits et lui a donné une position très-honorable, dont je suis certain qu'il se rendra digne.

Drouillet est un condamné capable des plus grandes fautes et des actions les plus généreuses, c'est un mélange de bonnes qualités et de dangereux défauts. Voici un trait de la vie de cet homme. Son intime camarade du bagne est sur le point de mourir à l'infirmerie, où Drouillet est le plus actif surveillant. „Mon ami," lui dit ce moribond, „tu sais, que j'ai dans cette ville un fils, que sa mère a totalement abandonné, veux tu me jurer de me remplacer auprès de lui, veux-tu continuer de payer sa petite pension et ses mois d'école, veux-tu me promettre de lui servir de père et de l'élever dans d'autres principes que les nôtres, et je mourai content et tranquille!"

„Mon ami," répond Drouillet avec attendrissement, „je suis trop heureux de pouvoir racheter les fautes de ma coupable vie par une bonne action, qui te prouve en même tems mon amitié, je te jure donc devant Dieu d'accomplir ta dernière volonté." „Merci, mon Drouillet, je suis prêt maintenant à quitter sans regret une existence si pleine de déceptions, de malédictions, et sur laquelle mes crimes ont amené la colère divine. Adieu, bon ami, adieu, adieu!!" Le râle s'empara de ce malheureux et quelques heures après cette scène si intéressante, il avait cessé de vivre.

Quel grave sujet de méditations, que cette histoire de deux criminels, qui reconnaissent leurs erreurs, les maudissent, témoignent avec indignation leurs regrets d'en avoir été dominé, et cela dans le lieu même où la vertu, l'innocence, la religion, ne peuvent trouver un esprit, une âme, un coeur pour les comprendre. Dès cette promesse solennelle Drouillet devient pensif, il comprend la grandeur de la tâche vouée à son amitié. Pour payer la pension, ses économies, la vente de chaque jour de sa petite ration de vin, ses modiques gages suffisent à peine, mais se dit-il, puisque je suis instruit, je puis diminuer cette dépense au profit de mon fils adoptif, il demande au commissaire du bagne la permission d'avoir près de lui cet enfant qu'on peut bien appeler celui du malheur. Sa bonne action touche le coeur de ce chef, de tous les employés et les forçats eux-mêmes, malgré la perfection de leur perversité, ne peuvent se soutraire à cet intérêt, et cette fois le crime sera généreux, moral et bienfaisant. Cet orphelin devient le fils chéri de cette nombreuse et effrayante population, et désormais son sort est assuré. Le bagne, lieu de débauches, d'horribles souvenirs, où tant de mains ont répandu le sang de l'homme, où le vol est le moindre défaut, cet enfer où se réunissent dans des vues abominables tous les vices que l'imagination la plus dépravée peut inventer, sera pourtant en faveur d'un être sans appui, une vertueuse maison d'éducation, et au bout de plusieurs années l'enfant du bagne est admis après un examen et les meilleures notes sur sa moralité, dans la marine royale de France. Maintenant il occupe un emploi honorable, son nom et sa personne sont respectés et un jour peut-être son mérite et la noblesse de sa conduite l'appelleront à l'un des plus hauts grandes.

Combien ce jeune homme distingué doit il penser aux protecteurs de son enfance délaissée, à Drouillet qui unissait pour lui la tendresse d'une mère aux bons soins d'un père, combien sa mémoire du passé doit-elle faire palpiter son coeur, et exciter sa reconnaissance pour ceux qui flétris, maudits, abandonnés, méprisés, craints comme des bêtes féroces, ont été pour lui seul des soutiens, des amis, de vertueux instituteurs, et dont les exemples furent si longtems le contraire de leurs pensées, de leurs détestables actions.

La Reine des Français admirant cette conduite de Drouillet, la conta au Roi, et ce condamné fut rendu à la liberté sur mes sollicitations. Je l'avoue d'autant plus, qu'arrivé à Paris, voici ce qui eut lieu, Drouillet vint me voir, et comme je le félicitais sur sa bonne conduite, sur l'heureuse position de son fils adoptif, il me répondit tristement: „M^r. Appert, je ne veux pas vous tromper, vous qui êtes à mes yeux au-dessus de tous les hommes, apprenez donc que depuis mon séjour en cette ville, depuis que notre cher enfant n'a plus besoin de moi, depuis que je suis de noveau seul au monde inutile à tous qui me fuient, de mauvaises idées, de sinistres projets, ont repris leur empire sur mon esprit. J'ai rencontré d'anciens camarades des prisons et des bagnes, je suis retourné dans les lieux de débauches; mes premiers penchants vers le mal me dominent de nouveau et je sens que, malgré mes efforts pour ne pas démériter de vous à qui je dois ma liberté, la fatalité me pousse continuellement vers un abîme, qui empoisonnera encore et pour toujours ma vie entière!" Des larmes abondantes terminèrent ce discours, et je m'efforcai de tranquilliser ce malheureux, de lui offrir ma protection en l'engageant à venir souvent me conter aussi franchement ses peines et ses combats pour persévérer dans le bien. Peu de tems après les médailles si précieuses de la bibliothèque royale avaient été volées et le gouvernement comme les amis des antiquités, regrettaient vivement cette perte. Drouillet vint alors me trouver et d'un air embarassé, honteux, m'offrit, si je voulais lui promettre le secret, de me confier une chose importante. Mr. Appert, je sais où sont les médailles de la bibliothèque et j'ai obtenu de ceux, qui les ont enlevées de les restituer contre des Napoléons, pesant autant que celles d'or et on rendra pour rien les médailles d'un autre métal, mais les amis ne veulent se fier qu'à vous seul pour cette négociation, et voici une bague en brillant, que je vais vous laisser pour gage de cette convention, et nous vous supplierons de la conserver comme un souvenir de notre vénération.

On devine sans doute, que je refusai ce diamant d'une grosseur énorme, dont la valeur était bien certainement d'une dixaine de mille francs, et je dis à Drouillet, de revenir le sur-lendemain pour la proposition des médailles. J'allai de suite, sans nommer bien entendu le révélateur chez un haut fonctionnaire du gouvernement, qui me répondit: „La police est bien faite, vous n'êtes pas tenu de conserver ce secret, livrez nous les coupables; dans tous les cas nous ne pouvons accepter de racheter les médailles à ce prix; nous les aurons sans descendre à cette humiliante capitulation."

Drouillet revint me voir, et apprenant cette réponse, il me dit: „Ce sont des imbéciles, pour peu d'or on pouvait sauver cette collection précieuse, ils ne la retrouveront jamais, et ce sera pour les savants une perte irréparable." En effet, peu de tems après on arrêtait les voleurs, mais les médailles d'or et d'argent avaient été fondues, et les autres jetées dans la Seine, où l'on parvint à en repêcher un certain nombre. Drouillet fut emprisonné avec ses complices, ce libéré n'avait pu résister à l'entrainement de sa société, et condamné de nouveau à vingt ans de galères. Il me fit demander à l'infirmerie de Bicêtre, me remit une boîte d'albâtre, sculptée par lui à cette prison, et représentant très-ressemblante la belle tête de Gall, puis mourut quelques tems après, en me priant de lui pardonner et d'être le protecteur de son fils adoptif, si jamais il réclamait mon appui.

Lors de ma visite au bagne de Brest, le brave amiral Duperré était préfet maritime en cette ville, et j'eus à me louer de son affectueux accueil, quoiqu'il ne partageât pas mes opinions sur la probabilité de ramener par un autre régime, que celui de ces établissements, la plus grande partie des condamnés. Des ordres les plus étendus furent donnés par lui cependant, pour que je pusse à toute heure du jour ou de la nuit visiter le bagne, et m'entretenir avec sa population.

J'ai déjà publié dans un ouvrage, intitulé *bagnes, prisons et criminels,* mes nombreuses observations, je me bornerai donc, ayant d'ailleurs l'intention de réimprimer avec une foule d'augmentations, cette histoire des grands criminels de la France, de parler seulement, ainsi que je l'ai dit, du condamné à mort Huet, et de mon ancien compagnon de la Force, le forçat M... La cour martiale de Brest est assemblée, on doit juger un pirate, qui a commis sur mer les plus grands crimes. Je me rends aux tribunal, où reconnu par le président et le défenseur de l'accusé, M^r. de Villeneuve, on me force d'occuper un siége près du procureur du Roi. L'accusé est un homme d'une taille et d'une figure remarquable; ses dénégations, les efforts de son avocat ne peuvent détruire les dépositions des témoins, et il est condamné à mort, arrêt qui doit recevoir son exécution dans les vingt-quatre heures.

Je dînais ce jour-là avec une nombreuse compagnie à la préfecture maritime, et j'exprimais ma douleur de cette exécution, lorsqu'on m'apporta un mot de Huet, qui me priait de venir le visiter dans son cachot le lendemain de très-bonne heure. Je me rendis à huit heures, accompagné de son avocat, à cette prison, j'entrai seul auprès de ce malheureux condamné, et une scène affreuse devait se passer sous mes yeux. Cet homme si fort la veille, d'une si énergique physionomie, était couché, ses yeux hagards, la pâleur de son visage, la décomposition de ses traits me frappaient d'étonnement, lorsqu'il me dit tout bas: „Monsieur, je ne mourrai pas par la main du bourreau aujourd'hui, prévoyant le résultat de ce procès, j'avais caché une forte dose de poison, je l'ai avalé ce matin, il me déchire déjà les entrailles, dans une heure je ne vivrai plus, et j'ai voulu recommander à votre pitié mon pauvre fils, qui ne se doute pas lui, encore enfant, de l'horrible position de son père…" Le poison agissait de plus en plus avec une violence, que le courage de Huet ne pouvait combattre, les vomissements le prirent, des convulsions affreuses ajoutèrent à ses douleurs, j'ai cru, qu'il allait mourir, j'appelai malgré ses supplications, et comme il me tenait fortement la main, j'étais malgré moi attaché à ce moribond. On vint enfin à mon secours, je réclamai du lait et un médecin, je forçai Huet, en le suppliant au nom de son fils, qui désormais devenait mon protégé, de boire ce lait, je promis d'aller, aussitôt après l'arrivée du médecin, chez l'amiral pour demander un surcis à l'exécution, afin d'avoir le tems d'implorer une commutation de peine, par l'intermédiaire de M^r. Hyde de Neuville. M^r. de Villeneuve ne me quitta pas, le lait fit de nouveau vomir le condamné, il eut de fréquentes faiblesses, Dieu permit à nos soins de le sauver, un sommeil réparateur s'empara de lui, mais j'avais désormais la mission d'empêcher, que le reveil de ce malheureux ne devînt le signal de sa dernière souffrance.

Je courus chez l'amiral Duperré, et pendant ce tems la guillotine se montait sur la place des exécutions, le peuple se disputait déjà les places où devait se terminer ce lugubre drame, je désespérais d'obtenir un délai, enfin j'en appelai au coeur généreux du préfet maritime. L'éloquence ne manque jamais à celui qui veut sauver une vie d'homme, cette prière fut transmise par le télégraphe à Mr. Hyde de Neuville. „Je ne compte nullement sur le succès de cette demande, mon cher Appert," ajouta le bon amiral, „la réponse, qui nous arrivera en bien peu de tems, permettra à la loi de recevoir son exécution!" Je retournai à la prison porter cette nouvelle à Huet, sans lui cacher qu'elle me laissait de tristes doutes. Huet était calme et résigné, la secousse physique du poison avait abattu son corps, en détruisant son énergie, le sang paraissait déjà sans vie, cet homme offrait une beauté éteinte, c'était la mort revenant de l'éternité ou prête à lui porter sa proie!

Mon coeur battait avec émotion dans ma poitrine, mais encore cette fois la providence exauçait mes supplications, le brouillard ne permit au télégraphe de ne transmettre à Paris qu'une partie de la dépêche, le tems se couvrit et la réponse du ministre ne put aussi arriver qu'à demie, mais elle faisait connaître tout ce que je voulais justement par ces mots du seigneur assurément: „On ne comprend pas, attendez, et . . .‟

Je respirai enfin, je recommandai Huet à son chaleureux avocat, et de suite je montai en voiture pour revenir à Paris, solliciter une commutation de peine en détention perpétuelle, après avoir reçu la promesse qu'on attendrait de nouveaux ordres du ministre de la marine, pour exécuter le condamné à mort. J'arrivai promptement, j'implorai avec tant de persévérance, de si vives supplications, que cette grâce fut accordée comme je la demandais.

Peu de tems après Huet, revenu à la santé, était embarqué pour Toulon, et pendant ce voyage, trompant la vigilance de ses gardes, le vaisseau passant près d'une île, il se jeta à la mer, et après des efforts surhumains le rivage lui accorda un refuge contre une captivité sans fin.

Je visitais la veille du jugement de Huet le jardin botanique de Brest, accompagné de plusieurs officiers supérieurs, curieux d'assister à mes entretiens avec les forçats, dont s'occupait toute la ville. A peine arrivé dans les serres, un condamné surveillant se jeta au-devant de nous, en s'écriant: „Ah! Monsieur Appert, quel bonheur de vous revoir, combien je suis heureux, que votre position est changée depuis que nous étions ensemble à la Force."

Ma compagnie, étonnée plus que moi de ce discours, paraissait dans une surprise que je traduisis ainsi: Ce monsieur n'est peut-être pas M^r. Appert, le philanthrope!

Mais je la rassurai, lorsqu'en reconnaissant M..., mon chanteur et musicien de la Force, elle m'entendit lui répondre: „Certainement, je ne vous ai pas oublié, et j'espère, que votre conduite donne des preuves de repentir. J'étais, vous le savez, accusé d'avoir fait évader deux prisonniers; votre procès, malheureusement d'une autre nature, ne m'empêchera pas de vous porter intérêt, si vos notes d'ailleurs sont bonnes au bagne."

En effet, M... se conduisait parfaitement depuis son séjour à Brest. Voici quelques mots sur cet intelligent et trop adroit condamné. Un matin il se rend chez un riche marchand de draps de la rue St. Honoré. „Monsieur," lui dit-il, „Monseigneur l'archevêque de Paris veut habiller à neuf tout le clergé de Notre-Dame, avez-vous une grande quantité de beaux draps noirs, et dans ce cas pouvez-vous me donner une dixaine de pièces d'échantillons, qu'un des vos commis, en venant avec moi, soumettra à sa Grandeur à l'archevêché." Le marchand, enchanté d'une telle affaire, ne se fait pas prier, il offre même, si elle se conclut, de donner une commission *fort honnête* à celui qui le choisit, mais cette proposition n'est pas acceptée par *le délicat intermédiaire*. Un fiacre est amené, on y place douze magnifiques pièces de draps noirs, et deux d'une belle couleur violette, pour des soutanes de Monseigneur. On veut à peine consentir à donner un commis, M... insiste, et la voiture roule vers Notre-Dame avec ces deux personnages et l'importante provision. Arrivé à la grille du palais de l'archevêché, M... descend et demande au concierge devant le commis, si l'on peut entrer la marchandise demandée par Sa Grandeur, et la lui soumettre comme échantillon. „Mais, Monsieur," répond celui-ci, „y pensez-vous! il n'est pas dix heures, et Monseigneur ne reçoit personne avant midi après son déjeûné." „Dans ce cas," réplique M... „permettez-nous de déposer notre drap dans votre loge, et nous reviendrons vers une heure."

Cet arrangement paraît fort simple aux trois

interlocuteurs, le commis part de son côté, M... remonte dans le fiacre, est une demi-heure en route, puis revient, seul cette fois, chez le portier, ayant l'air très-contrarié, en lui disant: „Quel bonheur, que vous n'avez pas encore mis nos draps sous les yeux du prélat, car mes commis se sont trompés; de qualités inférieures, d'une mauvaise teinture, ces draps ne peuvent convenir, je vais donc les reprendre, et avant une heure je rapporterai les autres. Bien fâché de votre peine, Monsieur le concierge, voici pour boire une bouteille à ma santé." M... remit deux francs au portier enchanté du titre relevé de concierge, que lui donna le marchand de draps, et encore plus de la pièce de deux francs.

Les concierges des palais du haut clergé sont en général comme les suisses d'église, ils aiment d'autant plus la bouteille que leur vie se passe dans une continuelle dissimulation, pour ne pas dire hypocrisie, sur les habitudes ou plaisirs des gens de leur âge, non employés près des ministres de la religion. Tels maîtres tels valets, dit le proverbe; on conçoit donc, que le concierge de l'ancien archevêché de Notre-Dame avait été trop attendri par les séduisantes manières de M..., pour se permettre sur la reprise des draps la moindre observation. Nous n'avons pas besoin de parler de l'étonnement de l'archevêque, de celui du marchand de la rue St. Honoré, du concierge, du commis. M... seul n'avait pas à chercher l'énigme de cette histoire, qui du reste avec d'autres du même genre l'avait fait mon compagnon de captivité à la Force, et le premier secrétaire du jardin des plantes de Brest.

Un peintre du bagne, sans me le dire, fit mon portrait *commandé par une des salles;* mais dans ce tems la reconnaissance des criminels ne pouvait trouver grâce auprès de certains fonctionnaires, lorsqu'elle s'adressait surtout à celui qui proclamait les abus et en sollicitait l'abolition, l'artiste dut donner une autre destination à son chef-d'oeuvre et peut-être ai-je eu l'honneur d'être placé avec les vieilles croûtes d'un marchand de bric à brac de ce port. Ce même peintre, sachant que je devais visiter le bagne par la correspondance de ses amis de Bicêtre, avait eu l'attention d'élever pour me l'offrir en cadeau un jeune singe habillé en galérien. Cet animal, que je refusai, n'aimant pas cette sorte de compagnon de voyage, était habitué à ôter sa petite calotte rouge, en saluant jusqu'à terre, aussitôt qu'on lui disait: „Voilà, M^r. Appert." J'ai été sensible à la bonne intention de ce condamné. Le petit singe, ayant été donné après mon départ, est mort de chagrin d'avoir quitté son maître du bagne. Il fut sans doute le seul être qui ne put supporter sa libération de ce séjour de la plus triste captivité.

Pendant mes voyages je m'occupais aussi particulièrement de la propagation du nouveau testament dont la société biblique de Londres m'accordait un nombre illimité d'exemplaires. Sous le prétexte que cette traduction de Lemaître de Sacy, imprimée en 1754 avec l'approbation du Roi et du clergé était hérétique, les prêtres catholiques s'opposaient souvent à ces pieuses distributions et poussaient quelquefois ce fanatisme scandaleux jusqu'à faire brûler sur les places cette sainte écriture. Je ne me suis jamais expliqué cette conduite des hommes qui tirent leur caractère sacré justement de cette charte divine. Car si ce livre est l'ouvrage de Dieu, on ne peut jamais assez le répandre, si ce n'est qu'une production de l'esprit humain, pourquoi le présenter comme l'oeuvre d'inspirations du Seigneur!

Les sacrifices de la société biblique dépassent tout ce qui a été fait par des souscriptions pour améliorer les sentiments religieux des peuples du monde. Plus de trente millions de francs ont été employés par cette noble société pour l'impression et la propagation des écritures en cent trente-deux langues ou idiomes différens, en sorte que toute la terre habitée a reçu la parole éternelle par le produit des dons de petites et grandes souscriptions du peuple Anglais. Je ne crois pas, qu'on eût jamais dans tout autre royaume réuni de semblables capitaux pour ces pieux secours intellectuels, accordés à toutes les races du globe.

A côté des opposans ecclésiastiques de certains diocèses, je trouvais des prélats fort empressés à seconder nos vues, et j'aime à citer l'évêque d'Angers, celui de Luçon, les abbés Cabanès, Servant, Foulon, Louis, Dardare, l'évêque actuel de Dijon, le curé de Neuilly, de Belleville, de Sainte Elisabeth de Paris, qui se chargeaient eux-mêmes avec empressement de ces distributions dans leur paroisses, hospices ou écoles de pauvres.

Je visitais régulièrement toutes les maisons de charité ou d'éducation primaire des villes et villages de ma route, et partout j'encourageais les directeurs et les maîtres à s'occuper avec zèle de l'instruction et des distributions du nouveau testament dans les classes indigentes, et en quelques années, grâce aux généreux sacrifices de la société biblique, la valeur des livres, que j'avais envoyés dans les départements, dépassa plusieurs certaines de mille francs.

C'était, je ne dois pas oublier de le dire, Mʳ. Mahul, alors secrétaire général de la société de la morale chrétienne, qui m'avait mis en rapports avec le respectable professeur Kieffer, agent général de cette société à Paris.

Ce modeste savant est mort peu de tems après mon dernier voyage, et je ne puis assez exprimer mes regrets de cette perte qui me prive d'un digne ami et du bonheur de répandre chez les pauvres la manne de l'intelligence, la source de toute consolation.

CHAPITRE IV.

LES PHILANTHROPES AVANT 1830.

La popularité que donnait le titre de membre des sociétés d'instruction élémentaire, de la morale chrétienne, des comités des prisons, des orphelins, etc., n'était pas dédaigné de certains grands seigneurs, jeunes ou vieux et la bienfaisance comme la royauté, avait aussi ses ambitieux, ses solliciteurs de voix pour devenir président, secrétaire général, secrétaires particuliers, membre du conseil d'administration. Les petites vanités, l'amour propre des médiocrités titrées, des ducs ou marquis, des comtes ou barons, se montraient sous les plus plaisantes couleurs; chacun voulait une place et les honneurs de l'autorité, même sur les bonnes oeuvres. Ces votes innocents remuaient les passions de nos modernes philanthropes, comme ceux des élections ou des chambres législatives. Je me souviens que Mr. le comte Camille de

Montalivet, pair de France, faisait partie du comité pour le placement des jeunes orphelins, dépendant de la société de la morale chrétienne, que je présidais quelquefois, et le noble comte réclama un jour, pour que les jetons de présence ne fussent pas refusés aux pairs, qui en raison des travaux du Luxembourg n'assistaient pas régulièrement aux séances du comité. Cette réclamation qui pouvait représenter deux francs par mois ou dix-huit à vingt francs par an au plus, parut un peu extraordinaire au comité qui cependant y fit droit. M^r. de Montalivet était à cette époque jeune, gracieux, aimable, obligeant, affable, et surtout très-philanthrope. Arrive 1830, on le fait colonel de la garde nationale à cheval, ministre de l'intérieur, et aujourd'hui il est à la tête, pour long-tems sans doute, de la liste civile du Roi, position fort généreuse, élevée et tranquille. On n'a plus de débats de chambres, de discussions pour le choix des préfets, ou les arrestations de princes du sang royal, la population des forêts du domaine de la couronne est plus docile que celle des départements au moment des élections, on est le dispensateur des faveurs royales, des loges des théâtres, on nomme à beaucoup d'emplois et désormais la philanthropie n'est plus une occupation d'avenir et encore moins du présent. Mr. de Montalivet, étant ministre, ne se souvenait déjà plus de ces premières armes dans la carrière du bien, et malgré d'augustes désirs, je n'ai pu obtenir de lui la réunion de la société royale des prisons, et lorsque je publiai mon ouvrage en quatre volumes sur les bagnes, l'ancien membre du comité des orphelins, mon ex-collègue me répondit, *que son ministère n'avait pas de fonds pour encourager cet écrit,* résumé pourtant de toutes les opinions qui étaient celles du zélé comte Camille de Montalivet avant 1830. Ces petits reproches accordés, j'avouerai avec une égale justice que cet honorable pair de France est capable d'un courageux dévouement au Roi et au pays, que ses intentions sont patriotiques, qu'il est loyal et honnête en politique.

Mr. Vivien, devenu préfet de police, conseiller d'Etat, député, ministre de la justice, était aussi un des membres les plus assidus de la société de la morale chrétienne, et surtout du comité des prisons, après qu'il eût quitté Amiens. J'étais enchanté de le voir ministre de la justice, pensant qu'il deviendrait naturellement le protecteur de nos idées communes. Je me décidai un jour à aller lui parler à la chancellerie, place Vendôme, de mon projet de fonder une colonie pour receuillir les libérés et les enfants des prisonniers. Quelle fut ma surprise de trouver un vrai garde des sceaux, froid, fière et presque dédaigneux, alors je lui dis, après avoir pris un siége, qu'il ne m'offrit pas (le député Gauguier était avec moi): „Vous avez été long-tems mon complice dans les comités où j'avais l'honneur de vous considérer comme le meilleur collègue; vous étiez à Amiens l'un des premiers abonnés au journal que je publiai dès 1825 pour cette même cause de régéneration morale, et sans doute aujourd'hui, que vous êtes ministre, votre concours est acquis à l'oeuvre, que je désire accomplir." M^r. Vivien me répondit vaguement avec un air embarrassé et ne fit absolument rien pour m'aider, on dit cependant qu'il est fidèle à ses convictions libérales d'autrefois.

M^r. Benjamin Constant bien exact aux séances de la société, faisait partie activement du comité pour l'abolition des jeux et loteries, et ses rapports, toujours spirituels, plein de finesse et d'esprit combattaient les dangers du jeu avec une force, une logique, des motifs qui ne pouvaient faire présumer, que lui-même avait pour maîtresse cette funeste passion. Il était, je crois, sincère en parlant ainsi de l'immoralité de cette plaie sociale, sans avoir la force de caractère d'y résister. Comme la plupart des prédicateurs il donnait de bons avis en même tems qu'un mauvais exemple.

Du reste B. Constant était véritablement philanthrope, tout abus du fort sur le faible révoltait sa conscience; l'arbitraire, la violation des lois, les proscriptions, les jugements politiques, l'esclavage de la pensée excitaient sa noble et courageuse éloquence. La jeunesse française, les réfugiés étrangers, les publications civilisatrices, l'instruction populaire réunissaient toutes ses sympathies, et tous les genres d'infortune pouvaient d'avance le compter pour leur plus dévoué défenseur. C'est un des hommes, qui certainement ont le plus préparé l'opinion publique à la Révolution de 1830.

B. Constant négligeait tout ce qui le concernait personnellement; aussi est-il mort dans une situation de fortune bien près de la misère. Sa toilette toujours négligée, son insouciance sur ses propres intérêts, l'oubli complet de la surveillance de ses affaires, causaient un véritable chagrin à Madame B. Constant, femme supérieure et si dévouée à son mari, à sa gloire, à ses principes politiques.

La popularité de cet excellent homme, de ce patriote sincère, en faisait une véritable puissance, et son influence sur la jeunesse des écoles devenait le drapeau de toutes les émeutes et le signal de ralliement des mouvements des masses. Les lettres de Benjamin Constant se distinguaient par la bonhomie et la franchise des pensées, exprimées avec un art supérieur et simple à la fois.

Il n'y avait pas une conspiration, sans que le gouvernement crut à l'instant même, que Benj. Constant, en était l'un des chefs actifs; aussi la police le surveillait-elle avec une attention particulière, ce qu'il savait parfaitement et dont il riait souvent. En résumé, la vie de ce tribun illustre, courageux, convaincu fut bien utile à la liberté de la France et ce serait une grande ingratitude d'oublier ses nombreux et désintéressés services.

M\. Carnot, fils du général de ce nom, aujourd'hui député, fut un des premiers et des plus loyaux disciples de la doctrine Saint-Simonienne. Possédant une solide instruction, une noble et délicate indépendance, un amour véritable du bien et des progrès intellectuels, affectionnant le peuple et désirant son élévation morale, franc et constant en amitié, d'un caractère froid, mais toujours ferme, constamment maître de lui, M̃. Carnot est un homme appelé à rendre de réels services au pays. Il venait bien exactement avant 1830 aux comités de la société de la morale chrétienne et depuis il n'a pas cessé de rester fidèle à ses premières convictions et au succès de leurs efforts. M̃. Carnot fait revivre en sa personne l'intégrité et les rares qualités politiques et d'indépendance de son père.

M̃. Benjamin Dejean, actuellement député, était aussi avant 1830 un jeune et actif membre de nos comités de bienfaisance. Petit fils du comte Dejean, ancien ministre de la guerre, fils du lieutenant général Dejean, pair de France, jouissant d'une belle fortune, ce philanthrope pouvait peut-être ne pas abandonner aussi vite les travaux de la société dont il était membre depuis si long-tems. La politique raisonnable doit être amie des institutions charitables, et les soutenir de son influence, il n'est pas généreux de blâmer, comme sous la Restauration par exemple, les hommes chargés de l'administration du pays, pour ne rien faire de plus qu'eux lorsqu'on a le pouvoir en main, et cependant c'est ce que nous voyons trop souvent depuis la Révolution de Juillet : les hommes et les noms changés, les abus sont restés en très-grand nombre.

Mr. Berville, avocat avant 1830, aujourd'hui député et avocat général près l'une des cours de Paris, était l'éloquent, le séduisant, l'obligeant improvisateur de notre société, et personne ne parlait mieux que lui à nos assemblées générales au nom du comité des prisons, des orphelins, sur les concours ouverts pour la publication d'ouvrages utiles à la morale. Un style élevé, correct, gracieux, sans prétention, un organe agréable, des pensées de bonté présentées avec simplicité et conviction rendaient les discours de Mr. Berville aussi touchants qu'intéressants. Il transmettait à l'auditoire ses propres sensations, ses croyances d'humanité, et sa parole ne produisait pas seulement une impression passagère, elle devenait la source des oeuvres charitables qu'il recommandait.

Mr. Berville, ami sincère des hommes, est resté après 1830 ce qu'il était avant, pur, honnête, loin des intrigues, incapable de déguiser ses opinions toujours sagement progressives. Son noble caractère, comme une glace sans teint, ne peut rien cacher de ce qu'il croit utile et vrai, c'est la candeur politique avec la fermeté, qui font marcher et rester dans la route d'un passé honorable, d'un présent sans ambition, d'un avenir, qui peut se présenter à tous, de droite, du centre ou de gauche, comme un exemple pour chaque parti qui aime la patrie, sa civilisation et son bonheur. M#r#. Berville est un de ces hommes rares, dont on peut bien ne pas partager les opinions politiques, mais auxquels l'estime et le respect présentent toujours les armes.

Le marquis de la Rochefoucault-Liancourt, dont nous avons déjà dit quelques mots, président assidu de la société de la morale chrétienne en était l'âme et la vie. Le journal si utile qu'elle publiait lui devait aussi son existence. Les comités de l'abolition de la peine de mort, des jeux et loteries, des prisons, de charité et de bienfaisance etc. etc. dont se composait cette ancienne et noble association le voyaient toujours à leurs séances encourager ces efforts philanthropiques. Cet honorable député, aussi bon citoyen que son illustre père, charitable comme lui, continuant son oeuvre à Liancourt, ne refusant jamais son concours, son appui aux entreprises d'humanité et de progrès a rendu les plus grands services. C'est encore pour ainsi dire le duc de la Rochefoucault surveillant, protégeant, secourant tous les genres d'infortunes. Mʳ. de la Rochefoucault a publié une excellente réfutation du système cellulaire, dans laquelle toute l'inefficacité, les dangers, la cruauté, sont présentés sous leur véritable jour.

Aussi le ministre de l'intérieur, Mʳ. Duchâtel, qui vient de former une commission, pour examiner les réponses et observations des cours royales et des préfets sur ce mode d'emprisonnement s'est-il bien gardé de nommer Mʳ. de la Rochefoucault membre de cette commission. *Les faiseurs* de ce ministère, n'aiment pas plus ce concours désintéressé, que les lumières et l'indépendance de la société royale des prisons, qu'ils veulent laisser sommeiller éternellement.

Secrétaire général pendant dix ans de la société de la morale chrétienne, j'ai pu apprécier le caractère de ses membres fidèles, et remarquer aussi ceux, que les événements de 1830 conduisaient au succès de leur secrète ambition, et qui abandonnaient ces réunions de la bienfaisance, premier degré de l'échelle qui cependant les élevaient aux plus hauts emplois. Du sein de la société de la morale chrétienne aujourd'hui délaissée, abandonnée sortirent plusieurs ministres, des députés, des conseillers d'Etat, des préfets, des auditeurs, des référendaires, des procureurs généraux de cours royales et de cassation, etc. et pas un de ces ex-philanthropes n'a eu de mémoire pour appliquer les idées, qui la veille étaient soi-disant leurs rêves favoris. Nous avons eu trois ministres pris dans nos collègues et pas une de ces Excellences nouvelles ne nous a plus secondés que leurs prédécesseurs de la Restauration. Ces messieurs sont de bons acteurs sur la scène, lorsque le public peuple la salle, mais il ne faut pas les voir dans les coulisses derrière la toile; ce ne sont plus que des hommes médiocres, à petites passions, à minces capacités et à grosses prétentions. Il paraît que pour certains personnages illustres aujourd'hui, si toutefois la fortune trop rapide donne l'illustration, comme une belle gravure placée dans un livre mal imprimé, l'envie des places, l'orgueil de voir son nom désigné à l'opinion sous le titre alors vénéré d'ami du pauvre, singer les hommes convaincus et sincères de l'opposition étaient pour la plupart le petit manteau bleu de M͏ʳ. Champion. Au moins ce brave homme n'a pas changé de drapeau, la distribution des ses soupes économiques a fait du bien aux malheureux et il est mort, enveloppé de sa vanité, qui du reste n'a pas coûté un sou à l'Etat. Pour d'autres de nos collègues, 1830 retirant le cachet de l'opposition à nos réunions, la société perdit son intérêt, son importance, sa nécessité et, chose étrange, c'était au moment, où l'on pouvait pratiquer le bien indiqué avant cette Révolution, que ces philanthropes de circonstance livraient sans combat possible le champ de bataille de leurs anciens exploits.

Je ne croyais pas vraiment les hommes à convictions constantes si rares dans notre siècle, car, sans la constance, que sont tous ces discours, ces voeux exprimés, la larme à l'oeil et le coeur sec? une triste comédie, une mauvaise pièce, jouée au profit de la duperie et de l'égoïsme, rien de plus!

J'excepte de cette troupe de figurants et premiers sujets les honorables membres, dont j'ai déjà parlé, et mes anciens collègues MM^{rs}. G. de Gérando, Clavery, Lécrivain, E. Charton, Burhel, les jeunes avocats de la défense gratuite des accusés, et notre si respectable et savant vice-président, M^r. Villenave, dont les rapports furent toujours l'expression de nobles et religieuses pensées.

A la société pour l'abolition de l'esclavage

je retrouvais plusieurs de nos plus dignes collègues de la morale chrétienne, MM^{rs}. de Lamartine, Carnot, de la Rochefoucault, Dutrône, Isambert, etc.

Les membres les plus assidus de cette association étaient MM^{rs}. Odilon Barrot, Isambert, de Montalembert, de Beaumont, Passy, Georges de Lafayette, de Pusy, de Tocqueville, comte Roger, de Rémusat, duc de Broglie, Chapuy de Monlaville, de Tracy, etc. etc. Les séances se tenaient dans une des salles de la chambre des députés, au moins deux fois par mois, et l'honorable abolitioniste Isambert en était le zélé et actif secrétaire. Il y eut deux magnifiques banquets, dont j'ai été commissaire, ce qui n'était pas une petite affaire. Le duc de Broglie les présidait, et les membres de la société de Londres, fondée pour le triomphe de cette question, qui vinrent nous visiter, furent accueillis avec les témoignages de la plus cordiale sympathie. Leurs discours, ceux du président, ceux de MM^{rs}. de Lamartine et Odilon Barrot, remarquablement beaux, peignirent sous leurs véritables et affreuses couleurs l'esclavage des noirs.

Je parlai une fois à la bonne Reine Marie-Amélie et à Madame Adélaïde de notre désir de racheter de pauvres esclaves enceintes, pour rendre en même tems la liberté à deux êtres humains. **S. M. et S. A. R.** furent également touchées de ce projet, et voulurent de suite me remettre une somme pour concourir à *cette oeuvre véritablement chrétienne,* ainsi que la nommait la Reine. La société de l'abolition de l'esclavage reçut avec une vive reconnaissance ce haut témoignage de l'approbation royale qui, je l'espérais, devait se renouveler chaque année. Mais depuis mon éloignement de ces excellentes princesses, on a voulu naturellement blâmer ce que je proposais. C'est en vain, que la société écrivit, pour obtenir le même don; il fut répondu verbalement, ainsi que cela se fait dans les cours, lorsqu'on n'a pas le courage d'écrire sa pensée, que S. M. et S. A. R. ne pouvaient concourir à un acte de *haute politique.*

Je profiterai de cette occasion pour dire, que les gens, qui entourent les grands, sont très-coupables, lorsque le bien ne reçoit pas leur concours empressé, car, il ne faut que proposer aux princes, surtout à ceux de la famille d'Orléans, pour qu'ils acceptent avec plaisir ce patronage de la bienfaisance. Jamais, pendant les dix ans, que j'eus l'honneur de soumettre des rapports sur des actes de charité et d'humanité, on ne m'a répondu négativement, et, au contraire, mon seul soin était de ne pas parler du bien, que la cassette des princesses ne permettait absolument pas d'accomplir, car alors on eût emprunté sur les revenus à venir plutôt que de s'arrêter à cette considération.

Combien de fois, mon Dieu! la Reine et Madame me disaient-elles: „Mr. Appert, si c'est pressé, accordez, allez toujours, nous ne cesserons de donner que le jour où d'aucune manière nous n'aurons plus rien; je ne veux pas de budget, d'entraves pour les bonnes oeuvres, c'est la seule jouissance, qu'on ne peut nous enlever, je demanderai d'ailleurs au Roi de concourir à ce bien, il ne refusera pas, et au moins je dormirai tranquille."

Je déclare donc franchement, que les secours accordés représentaient la royale volonté des princesses, que ceux refusés étaient le résultat de ma prudence et du besoin de rester dans de sages limites.

Si je ne craignais être indiscret, je citerais de nobles circonstances au commencement du règne du Roi Louis-Philippe, où la Reine vendit des inscriptions de rentes, venant de sa dot, où Madame fit des emprunts, pour distribuer largement des secours aux malheureux! Pourquoi faut-il conserver des secrets, qui feraient bénir ces augustes et constantes bienfaitrices de tous les degrés de la misère, de toutes les catégories de l'infortune!

La société pour l'abolition de l'esclavage, dont l'existence remonte à plus de dix ans, a certainement provoqué les mesures, prises par le gouvernement pour le triomphe de cette cause de tous les bons coeurs, et que l'on critique, loue ou condamne le traité du droit de visite, il n'en reste pas moins très-clairement démontré, que la traite est condamnée, et que la dernière heure de l'esclavage ne peut tarder à sonner.

Les colons se récrient sur cette mesure, en disant toujours, que c'est un droit de propriété, auquel on porte atteinte, que c'est une violation indigne, un vol manifeste. En vérité, ces usurpateurs de la liberté de l'homme, ne se croient-ils pas comme les anciens rois, protégés par le droit divin! Où donc, s'il vous plaît, lit-on dans l'évangile que la couleur de la peau, sera le signe de l'esclavage, et d'une cruelle agonie de toute la vie, où donc trouvez vous indiquée la vente de la chair humaine,

Dieu fait-il une différence pour ceux, qui doivent commander ou obéir en dehors des limites d'une sage autorité sociale !

Sans doute, pour en finir le plutôt possible d'effacer du monde cette plaie honteuse, et aussi dégradante pour l'esclave que pour le maître, on peut accorder une indemnité aux colons, mais comme concession amiable, et non pour acquitter une dette. Quoi, vous annulez tous les jours des contrats, où toutes les formules n'ont pas été observées, et vous craindrez de blesser l'équité, en ne reconnaissant pas la possession de l'homme par l'homme, mais je vous le demande, le nègre, s'est-il engagé volontairement comme un remplaçant militaire? a-t-il été libre de contracter l'obligation de se donner à vous sans réserve, d'abandonner à jamais le bienfait, qu'on ne peut raisonnablement lui ravir qu'au moment de sa désobéissance aux lois du pays ? Vous dites, que ce sera un grand malheur que d'accorder la liberté aux noirs, qu'ils sont paresseux, ivrognes, débauchés, ignorants, qu'une fois hors de votre tutelle, les excès de tout genre viendront compromettre la moralité et même l'existence des colonies, mais quelle est donc la cause de cette paresse, de cette intempérance, de ces débauches, de cette ignorance, ne pouvez-vous, si en réalité vos intentions sont humaines et désintéressées, commencer à reprendre en sous-oeuvre cet édifice de régénération, en formant des écoles, des salles d'asile, des caisses d'épargne pour la jeunesse et les parens, car, si vous ne mettez jamais la main à cette réparation intellectuelle, quand pourra-t-on alors sans danger proclamer l'émancipation! Les gouvernements civilisés devraient, il me semble, fixer une époque, où cette mesure deviendrait une loi générale, dix années par exemple seraient une latitude suffisante pour donner aux colons le moyen de préparer leurs intérêts à cette réforme, tout en prenant des arrangements de conciliation avec leurs esclaves, pour qu'ils restent ouvriers libres, travailleurs actifs et honnêtes sur la propriété de chaque maître. Mettez en harmonie vos exigences pour le travail avec le salaire, faites que vos anciens esclaves voient, que vous voulez l'amélioration de leur sort, et qu'ils ne cesseront pas, en se conduisant bien, d'obtenir des preuves de votre sollicitude, et alors vous n'aurez plus à les craindre comme des ennemis toujours prêts au désordre, à la révolte, au pillage, à l'assassinat. Les esclaves, comme les détenus de nos prisons, ont de la haine pour leurs geôliers, tyrans impitoyables qui ne cessent d'avoir les menaces à la bouche, le bâton à la main, d'accorder le mépris pour récompense. Sans doute, les noirs dans leur état actuel ont en grande partie les défauts, que vous leur reprochez, mais encore une fois c'est votre faute, et si vous ne vous empressez de bonne volonté de réparer ce désastre de vos anciens préjugés, pour ne pas dire d'une inhumaine cruauté, la délivrance se fera sans vous, malgré vous, et alors il n'y aura plus d'arrangements possibles, et un fleuve de sang humain vous séparera à jamais, après avoir laissé sur le champ du combat une multitude des vôtres, malheur qu'il est encore tems de prévenir. Les philanthropes de tous les pays, comme les membres de notre société de Paris, vous disent cette vérité depuis long-tems, rendez-vous donc à l'évidence et faites de bonne grâce ce que vous ne pouvez empêcher.

M'. de Lamartine improvisait souvent à la société de la morale chrétienne, ou à celle de l'abolition de l'esclavage, et c'était toujours en des termes d'une belle, éloquente et religieuse inspiration, et jamais le célèbre poëte ne restait au niveau ordinaire des hautes intelligences; il le dépassait, et constamment encore plus élevé en le dominant de toute la puissance de son rare et incomparable talent, il planait sur toute supériorité. Lorsque Mʳ. de Lamartine parle comme philanthrope, sa parole, sa physionomie, son regard, toute sa personne prennent un éclat, une dignité admirables, c'est le tonnerre majestueux qui brûle et pulvérise le démon du mal, c'est la charité portée par la religion qui renversent le superbe dédain de l'égoïsme. C'est le christianisme tenant la loi divine et qui la montre aux humains de toutes les conditions, pour qu'ils se courbent humblement devant elle, et en suivent les ordonnances! C'est l'apparition de l'amour du prochain qui assure au malheureux l'adoucissement de ses misères et la miséricorde de la providence!

Mʳ. de Lamartine, devrait consacrer tout son génie à ces causes de haute bienfaisance, il est bien digne d'en être l'avocat, et au moins on ne verrait plus ce grand citoyen, ce chrétien fidèle, descendre à des débats politiques qui ne sont plus dans le cercle de ses sublimes pensées.

Mʳ. de Lamartine ne peut-être un utile député d'électeurs, ses pieuses convictions le placent au-dessus des débats matériels, il est le représentant des intérêts de l'humanité entière, son auditoire n'est pas au palais Bourbon, c'est sur toute la terre que l'influence de sa parole doit se répandre! Comme un apôtre du Seigneur, Mʳ. de Lamartine appartient sans réserve à la défense sainte de ceux qui souffrent.

Mʳ. Guizot, avant 1830 présidait souvent la société de la morale chrétienne, il s'occupait beaucoup alors de l'instruction, et j'ai de lui une lettre curieuse en raison de son éminente position actuelle, dans laquelle il me témoigne son regret de ce que *les frères ignorantins* l'emportent en Belgique sur *l'enseignement mutuel,* où j'offrais, par son obligeant et affectueux intermédiaire, d'aller organiser l'instruction primaire. Mʳ. Guizot demeurait alors rue St. Dominique près l'hôtel de Luynes (dans une très-petite maison), et il m'honorait d'une bienveillance particulière à la société de la morale chrétienne dont j'étais le secrétaire général; j'avais de fréquens rapports avec lui et nous étions bien loin de prévoir qu'il deviendrait un homme d'Etat du premier ordre et dans des circonstances aussi difficiles. Mʳ. Guizot, philanthrope éclairé, historien et orateur du plus grand mérite, improvisait souvent de magnifiques discours sur les questions dont nos comités étaient les représentants et toujours sa parole grave, attachante, de la plus haute portée impressionnait vivement et groupait autour d'elle les convictions. Après avoir entendu M%. Guizot on devenait son disciple, et l'admirateur de ses doctrines.

Notre société lui devait de précieux conseils, une partie de son influence, et de la considération, dont elle jouissait à l'étranger. Cet orateur illustre, véritablement ami d'une noble civilisation pour tous les peuples, a droit à leurs hommages et à leur reconnaissance.

M%. Villenave, père, notre vice-président, fut aussi l'un des plus distingués et respectables membres de la société de la morale chrétienne. Erudit, d'une affectueuse amabilité, d'une bonté parfaite, ayant dans le langage autant d'élévation que de gracieuseté, un style toujours spirituel semé d'attendrissantes anecdotes donnaient aux discours de ce vertueux philanthrope un charme tout particulier, qui plaisait autant au coeur qu'à l'esprit.

Quoique d'un âge avancé M%. Villenave était gai, d'une humeur facile et aimable, toute sa personne inspirait le respect et l'amitié, ses écrits une haute estime et de vives sympathies. La mort recente de Mʳ. Villenave est une véritable perte pour l'humanité.

Je ne parle pas de nos *déserteurs philanthropes,* ils ont pourtant emporté armes et bagages, pour livrer assaut aux places des ministères, c'est là que des fortifications, des forts détachés seraient utiles, pour empêcher ces grands et petits ambitieux, de s'emparer des magasins d'emplois et de sinécures, de demander la bourse ou la vie aux caisses remplies par les sacrifices des contribuables et le produit de l'impôt du sel, qui pèse si lourdement sur le pauvre.

Il est vrai, que nous avons eu une Révolution, cela explique jusqu'à un certain point, comment cette nuée d'oiseaux de proie, qui a jeté le froc de philanthrope aux orties, s'est réfugiée modestement dans les chambres législatives et les hautes fonctions. Ceci explique aussi pourquoi si souvent c'est la fonction qui convient à l'employé et non le fonctionnaire à la place.

CHAPITRE V.

DÎNERS DU QUAI D'ORSAY ET DE NEUILLY APRÈS 1830.

La vie de Paris est si agitée, si occupée, passe si vite, qu'on ne peut voir ses amis qu'en allant dîner chez eux ou en les recevant chez soi. L'habitude de dîner à six heures me paraît bien préférable à celle qui coupe la journée en deux parties égales; car après avoir mangé le travail n'est plus facile ni bon à la santé.

Je recevais tous les samedis pendant l'hiver à mon vaste et bel appartement du quai d'Orsay N° 3, et pendant l'été le même jour à ma villa chérie de Neuilly. Trois jolis bateaux composaient ma marine, et elle attirait beaucoup mes amis qui, comme les Parisiens, aimaient à naviguer sur des eaux tranquilles, avantage qu'offrait le bras de la Seine, baignant mes charmantes plantations. Mon appartement de Paris était historique, l'Impératrice Joséphine l'ayant habité autrefois avec son fils Eugène, et comme à Villebourgeon ma chambre à coucher d'hiver était celle de Josephine, mon cabinet celui de Beauharnais.

J'ai déjà donné dans un chapitre précédent les noms des amis que je voyais habituellement chez moi, et qui pour la plupart étaient des hommes d'une haute réputation dans les sciences et les arts, l'armée ou l'administration, en sorte que mes réunions étaient fort recherchées par les jeunes gens qui désiraient se lier avec les personnes très-connues, et répandues dans le monde. J'avais calculé que les dépenses pour recevoir des hommes d'esprit, des artistes distingués, n'étaient pas plus considérables que si l'on choisissait ses invités parmi les ennuyeux et incapables, de sorte que mes dîners étaient toujours gaïs, curieux, amusants et instructifs en même tems.

Les docteurs Casimir Broussais, Hutin, Marc, Chapelain, Beaudens, Lallemand, Debout, Destouche, mon ami de Maldigny, mes amis de Lorraine MM^{rs}. Félix Liouville, Lombard, Dumas, Trousset, venaient aussi me visiter souvent, en sorte que je n'avais en vérité rien à désirer sur la composition de ma société. Ajoutez comme visites une foule de jeunes poètes, artistes, hommes de lettres, étrangers de toutes les nations, médecins de tous les systèmes, directeurs et inspecteurs généraux de prisons, des originaux de tous les rangs, de tous les pays, des solliciteurs de places et d'emplois publics, des écrivains de la liste civile, du domaine privé, des ministères, des chanteurs, des acteurs, des officiers de toutes les armes et de tous les grades, des avocats, des philanthropes, des manufacturiers, des architectes, des marins, des nobles et des roturiers et peut-être aurez-vous une idée de la population des deux à trois cents personnes, qui peuplaient tour à tour mes salons.

Etre auprès des grands est le plus éminent mérite pour attirer une nombreuse société, *des adorateurs, des amis bien dévoués,* même des adulateurs. Malgré soi et grâce à leurs encens perfides, on finit par se croire un grand homme, une nécessité sociale, dont le gouvernement et le pays ne sauraient se passer, mais que viennent la disgrâce, les désastres de fortune, alors tous ces flatteurs de la veille n'ont plus assez de tems pour énumérer leurs griefs contre votre personne, votre moralité, votre probité, leurs méchantes langues, venin empoisonné qui ne s'arrête pas, propagent la médisance, le mensonge comme pendant la faveur vos vertus, votre science.

Je ne charge pas de sombres couleurs ce triste tableau d'une partie de l'humanité, il ne me reste aucun fiel contre ces ingrats, qui depuis mes infortunes n'ont pas même daigné m'oublier plutôt que de me nuire, mon cœur leur pardonne puisqu'ils ne sont pas pour moi seul une exception, et si je parle d'eux c'est plutôt pour achever cette peinture du monde, que dans l'intention de me plaindre.

MM^{rs}. l'archevêque de Malines, Etienne et Arnault étaient souvent de mes dîners, qui alors offraient un charme particulier. L'abbé de Pradt parlait de ses fermes d'Auvergne, *de la beauté de ses élèves, fils de son magnifique étalon* en des termes vraiment amusants. M^r. Arnault toujours aimable et spirituel amenait la conversation sur l'Empire, sur les affaires du jour, alors l'ancien archevêque qui sentait parfaitement les erreurs qu'on avait à lui reprocher, s'empressait d'abandonner l'Empire pour tomber sans pitié sur les hommes et les événements de l'époque. M^r. Etienne, si malin, si spirituel, ne laissait pas passer une occasion de défendre les doctrines que le libéralisme un peu clérical d'archevêque, d'ancien ambassadeur, de Mr. de Pradt, n'admettait pas toujours sans réserve et quelquefois sans une visible répugnance. Ces trois hommes remarquables mais d'un genre d'esprit différent intéressaient, instruisaient toujours.

Mr. Laplace, qui venait de faire son beau voyage autour du monde, dont la relation est si importante, les observations si curieuses donnait à ses récits une tournure attachante et si naturelle, qu'on se croyait quelquefois avec lui en Chine, dans les îles de sauvages, avec des rois et souverains de peuplades inconnues au monde civilisé. Ce savant et aimable marin est parti de nouveau, et sans doute il rapportera encore en France les plus précieux documents.

Les officiers supérieurs de l'armée, que j'ai nommés, étaient aussi de la plus affectueuse affabilité surtout le comte Schramm, pair de France, que je croyais bien digne de succéder au maréchal Soult, comme ministre de la guerre.

Les hommes de lettres sont toujours des convives aimables et enjoués; aussi mes dîners se ressentaient de suite de l'avantageuse présence de Balzac et Alexandre Dumas, c'était une suite charmante d'anecdotes sur les théâtres, les acteurs et actrices de premier ordre, sur les assemblées des grandes dames ou des riches financiers, sur les productions littéraires du moment. L'esprit a le privilége de ne pas veillir, et de renaître continuellement de lui-même avec de nouveaux charmes, et des formes sans cesse séduisantes.

Les artistes ont aussi leur orginalité, le cachet de leur genre d'études. Le peintre ne pense pas sur les productions de l'art comme le sculpteur, le chanteur comme le poëte, le tragédien comme le comique, cela est tout naturel et s'explique par le genre de leur vocation, mais ces appréciations diverses de semblables sujets, n'en sont pas moins toujours intéressantes pour l'observateur impartial et qui aime à s'instruire.

Au milieu de ce cercle nombreux de célébrités contemporaines Mademoiselle Elisa Mercoeur, Eugène de Pradèle et Liszt se faisaient remarquer et toujours applaudir. La pauvre et si poëtique Elisa Mercoeur, peu de tems avant sa mort prématurée, voulut bien nous dire une partie de sa belle tragédie, qui était ses adieux à sa tendre mère et à ce monde où toutes les souffrances se réunissaient, pour conduire bien vite au tombeau ce printems si fécond d'imagination et de nobles vers!

La mort, qui devait bientôt éteindre ce génie supérieur, paraissait déjà former l'ombre d'Elisa Mercoeur, et j'en étais en silence frappé de regrets et de douleurs, en pensent surtout à sa mère, qui voyait en elle sa seule consolation, l'unique espérance de réparer les malheurs de pertes, qui lui avaient enlevé jusqu'au stricte nécessaire. Plusieurs fois j'eus le bonheur, d'appeler la bienveillance royale sur ces deux intéressantes existences.

Eugène de Pradèle improvisait chez moi avec un à propos, un talent vraiment extraordinaire, et chaque fois qu'il me faisait le plaisir d'accepter mes invitations, j'étais sûr d'une soirée bien agréable.

Liszt, on le sait, sur le piano est un enchanteur, dont la puissance touche l'âme, en réjouissant le coeur, on ne le possède jamais assez, et j'ai été fort content, de le trouver à Bonn lors de mon voyage en Prusse. Il eut la gracieuseté de se souvenir avec affection de moi et des réunions du quai d'Orsay.

Nous pouvons maintenant parler un peu de certains originaux qui se fourrent partout, même dans les palais des Rois.

En première ligne je dois un souvenir à Mr. D... Il a environ trente-six ans, mais veut par sa toilette, les soins de sa coiffure la coupe de ses habits, la couleur éclatante de ses gilets, ses chaînes de montre et boutons de diamants paraître jeune, distingué et fortuné. Il est soi-disant rédacteur d'un journal important de Paris, mais ne se fait pas payer ses articles, voulant conserver toute son indépendance, et servir ses amis. „Ainsi, M^r. Appert," me dit-il, „je suis venu pour vous demander la permission d'écrire tout le bien, que je pense de votre dernier ouvrage sur les bagnes. Je sais que vous recevez les samedis soir, voulez-vous bien que j'aie l'honneur de venir vous apporter mon article à votre prochaine assemblée. Je remercie sans oser refuser la visite, et M^r. D... ne manque pas au samedi suivant de se faire annoncer à huit heures. Suivant l'habitude de ma maison on le reçoit poliment et après une heure de séjour au salon, il s'est présenté avec tant d'adresse que les personnes les plus élevées de la société causent avec lui et le trouvent fort bien. Ce bon M^r. de Pradt vint me dire à l'oreille: „Monsieur, quel est donc ce jeune homme à si bonnes manières, dont la conversation est si agréable; naturellement il faut répondre à l'avantage de M. D... on ne peut conter comment sa première visite l'avance si vite dans notre intimité, et le voilà déjà le préféré de l'ancien archevêque." Ce succès obtenu Mr. D... exploite de même le général Schrams, presque ministre de la guerre, le vicomte de Lascases, le comte Lanjuinais, Mr. Arnault, etc., et pendant, que je suis occupé à faire bonne réception aux cent ou cent cinquante personnes qui viennent ce soir là, Mr. D... est le favori des secrétaires du Roi, de la Reine, de Madame et de tous les hauts fonctionnaires, pairs ou députés de la société. Fait-on une partie d'écarté, vite Mr. D... tire d'une jolie bourse des Napoléons d'or et joue perd ou gagne avec un laisser-aller de grand seigneur. Il se retire avec le visiteur qui a paru le mieux mordre à son hameçon, et pour achever sa conquête, il le reconduit jusqu'à la porte de son hôtel, en lui disant: „J'espère, Monseigneur, que j'aurai l'honneur de vous revoir samedi prochain chez notre excellent ami Mr. Appert." Le jeudi Mr. D... a reçu *de sa terre* du gibier, des volailles, et il me supplie d'accepter une petite provision de ses élèves. On n'ose refuser, mais bien entendu il faut inviter l'opulent propriétaire à dîner pour le samedi suivant. A six heures, il arrive bien exactement dans la toilette la plus brillante *sa* voiture le descend à la porte, son valet de pied monte jusqu'à l'antichambre pour savoir, à quelle heure on doit venir chercher Monsieur, il me demande alors si la société se retirera tard aujourd'hui: „Car je la trouve," ajoute-t-il, „si parfaitement affable que j'aurais bien du regret de ne pas vous quitter l'un des derniers." Ma réponse ne peut convenablement refuser de dire à M^r. D..., que je serai charmé de le conserver le plus long-tems possible, alors se retournant du côté de mon valet qui l'a annoncé: „Alexandre, dites à Pierre, que ma voiture soit à minuit à la porte."

Les convives arrivent, M^r. D... a très-bonne façon, il est spirituel, cause bien et le voilà encore le préféré de mes amis. Je ne puis m'empêcher de présenter les produits de sa terre à ces Messieurs, on le comble de compliments, en même tems que sa fortune ne paraît plus douteuse, et c'est le but secret de ses espérances.

Enfin il s'arrange si bien, que chaque fois qu'on est invité chez moi en acceptant la phrase finale est: „Et M^r. D..., en sera-t-il, c'est un jeune homme charmant." Il y a un grand bal chez le Roi aux Tuileries, où seront plusieurs souverains, Mʳ. D∴.. se fait habiller magnifiquement à la française, puis par des manoeuvres inconnus il obtient une invitation et se rend dans un beau carosse à cette fête royale.

Quelques tems après les propos les plus extraordinaires sur le compte de Mʳ. D... me parviennent. J'apprends qu'il n'a jamais écrit une ligne dans un journal, que sa terre pour le gibier, les volailles, est tout bonnement la halle. Une pauvre dame, plus agée que lui l'épouse, la dot assez considérable paie ses dettes, puis quand il n'y a plus rien chez le banquier; Mʳ. D... disparaît et personne ne sait ce qu'il est devenu. J'avais eu la faiblesse de lui prêter mille francs, dont je n'aurai sans doute jamais de nouvelles.

„Mʳ. C... est," dit-il, „père de quatre enfants, sa femme est folle, ses affaires cependant marchent bien, *son attachement* le porte à vouloir marier tous les célibataires qu'il rencontre, mais bien fous ceux qui acceptent cet entremetteur matrimonial, car Mʳ. C... quoique *fort désintéressé* et ami fidèle ne manquera pas de solliciter des avances à valoir sur les frais de *ses courses de voitures*. L'un de mes amis, vieux garçon, qui croit sottement au succès des promesses de fortune, que son mariage, par l'entremise de Mʳ. C...., doit lui obtenir, lui prête huit cents francs, dont il n'a jamais revu un sou.

Mʳ. B... est d'une autre école, c'est le modèle des bavards, il parle mal de tout le monde, de lui-même, de ses *meilleurs amis*; c'est la gazette du portier, l'inventeur le plus ingénieux de mensonges, qui compromettent toute une société, on ne peut se débarrasser de ses fréquentes visites. C'est le confident des domestiques, le médecin de leurs secrètes indispositions, il leur donne des médicaments et des billets de théâtre, il n'en faut pas davantage, pour lui ouvrir toutes les portes, malgré la volonté des maîtres; il sait qui vous recevez, combien de personnes sont invitées à dîner, ce qu'on servira, à quelle heure on doit se retirer, etc. etc. C'est alors la matière de ses publications *cancanières*, et malheur à celui, qui ne le comble pas d'attentions, car le lendemain toute la ville recevra contre sa vie privée, ses fonctions, etc. les confidences les plus vagues et les plus perfides en même tems. Vous serez alors tout étonné des mille désagréments, qui vous assiégeront, soit dans votre famille, soit dans votre maison ou celles de vos meilleurs amis. Mʳ. B... a toujours d'excellents billets en portefeuille, dont l'escompte lui serait bien utile, et si, comme j'ai eu l'imprudence d'y consentir, on cède à ses sollicitations, on est certain de perdre le montant intégral de la négociation. Encore bien heureux, si Mʳ. B... ne devient pas un secret ennemi.

Les créateurs ou propagateurs de systèmes, d'inventions, de doctrines sont aussi intéressants et curieux, mais comme chez tous les hommes spéciaux, il faut avoir la patience d'entendre mille et mille fois la même chose. J'ai reçu de ces célébrités, et tout en reconnaissant souvent qu'ils rêvent plutôt qu'ils ne pensent, cependant il y avait toujours un côté, sous lequel leurs opinions offraient des observations dignes d'attention. Mʳ. Marle, le grammairien, réformateur de la moitié des mots de notre langue; l'abbé Châtel, qui modestement se nomma lui-même primat des Gaules, avec le titre d'évêque français, ses prédications, ses messes en français; Mʳ. Chapelain, avec ses anecdotes sur le magnétisme; Fourrier, le socialiste, dont la bonne foi, les convictions, la science, la profondeur des pensées étaient au-dessus des simples intelligences; le bon Mʳ.

Harel, mon ami, le partisan de toutes les nouvelles découvertes, le créateur des fourneaux économiques, grand admirateur de Gall; M^r. Petit-Jean, chez lequel j'avais caché Matthieu et Couderc, qui croyait fermement que les morts nous entouraient continuellement, pour obtenir tels ou tels faveurs de nos prières, et qui au milieu de la plus grave conversation me disait: „Mon ami, laissez moi chasser les malins esprits, que je vois sur vos épaules!" M^r. Crébassol, monstre vivant, ayant une tête énorme, des yeux de satan, haut de deux pieds environ, qu'un domestique apportait dans les bras et plaçait sur un fauteuil comme un singe, ne pouvant faire un pas, ayant un esprit infernal, et se croyant appelé à dominer par ses conseils, sa parole ou ses écrits toute la population ouvrière de Paris, proposant au gouvernement de Juillet de l'appuyer de son influence sur les masses à telles ou telles conditions; M. le chevalier de M..., qui depuis près de trente ans était toujours amoureux des Impératrices, des princesses, et leur adressant aux Tuileries, dans leurs promenades, des déclarations les plus extraordinaires, et qui pour toute autre femme était indifférent, froid et raisonnable; les partisans extrêmes de la phrénologie, de la monomanie, du magnétisme, du somnambulisme, du système des planètes, des supplices pour les condamnés, les auteurs de tragédies ou pièces refusées par les théâtres, les inventeurs de nouveaux impôts, de gouvernement de toutes les formes, formaient assurément une réunion de caractères, que j'étudiais toujours avec plaisir ou patience, car je le répète, dans toutes ces originalités, il y avait certaines bonnes choses.

Je recevais aussi deux respectables vieillards riches et d'une grande probité, qui cependant avaient la manie de *voler;* l'un, en allant promener sur les boulevards, s'arrêtait devant les libraires et mettait toujours un livre dans sa poche. Comme on le connaissait, le gardien de l'étalage détournait la tête, et le lendemain le neveu de M^r. B.... reportait à chacun les livres pris la veille. L'autre passait dans l'office avant le dîner, et mettait bien vite dans ses poches le sucre ou les friandises, qu'il pouvait prendre sans déranger l'apparence des assiettes.

Ceci me rappelle que, dînant chez l'excellent et illustre M........ à Berlin, avec une nombreuse et brillante compagnie, où se trouvaient MM^rs. de Humboldt, l'ambassadeur du duc de Saxe-Weimar, des conseillers du Roi de Prusse, M'. Raoul Rochette, Chelard, etc., je vis avec grande surprise un des plus célèbres convives prendre et mettre dans ses poches des oranges, du chocolat, des friandises, etc., et cela avec une adresse si merveilleuse, que je trouvais ce Monsieur bien heureux d'arrêter cette manie d'emporter, à des gourmandises de peu de valeur. Quoiqu'il en soit, cette honorable personne, dont le nom est européen dans les académies, devrait en vérité renoncer à ce *travers* de mauvaise compagnie.

J'ai connu un autre Monsieur, qui n'aurait jamais pu donner une pièce de vingt francs en or en paiement ou pour quoi que ce soit, tant il tenait à l'or, mais comme il était bon et généreux, il faisait changer un billet de mille francs de banque en pièces de cinq francs, et alors il payait tout avec empressement et largesse. D'autres personnes distinguées ont la manie de ne jamais suivre les modes pour leur habillement, ainsi M'. Fontaine, le célèbre architecte, est toujours vêtu comme sous le directoire, et pour rien au monde il ne renoncerait à ce costume.

Il y a aussi des gens, qui se parfument des pieds à la tête, d'autres, qui se négligent trop, ceux-ci sont d'une avarice ladre, ceux-là de la plus désolante prodigalité. Ainsi je connais à Paris une maréchale, duchesse, fort riche, qui changeait les professeurs de ses enfants, s'ils avaient de trop forts appétits. Cette dame allait dans la même journée chez vingt ou trente épiciers demander des échantillons d'huiles, qu'on apportait à son hôtel, puis elle faisait une commande à celui, qui offrait à meilleur marché, mais gardait tous les échantillons qui, réunis, pouvaient peser jusqu'à huit livres. Donnant un soir un grand bal, elle fut chez son pâtissier, pour lui dire: „Tâchez, que vos petits gâteaux soient solides, et qu'après en avoir mangé un ou deux au plus, on soit rassasié."

Les visiteurs du quai d'Orsay, qui me coûtaient fort chers, étaient les joueurs m'empruntant quelques napoléons, et ne me les remettant jamais. En somme, je conseille de restreindre le cercle de ses réunions, de préférer la qualité à la quantité, et surtout de n'admettre que bien prudemment dans son intimité.

En cessant de parler de tous ces originaux, je dois aussi un souvenir à ces pauvres et médiocres compositeurs et auteurs de vers, musiques, pièces de théâtre, qui vous assiégent pour réunir, afin d'entendre leurs oeuvres, le plus de monde possible dans une soirée, en ajoutant toujours: „Le cas, que je fais de votre suffrage, de l'approbation de vos amis, m'engagent à vous choisir pour faire connaître mon ouvrage, c'est un honneur, que je dois à la bienveillance que vous accordez à la supériorité, je veux aussi vous témoigner publiquement mes sympathies affectueuses, et que *tout* Paris sache, que votre salon a été le berceau de mon chef-d'oeuvre."

Je n'osais refuser ces honneurs, hélas! bien multipliés, et Dieu sait quels reproches en étaient le prix de la part de mes amis, qui venaient le lendemain se plaindre du piége, que j'avais tendu à leur empressement à se rendre à mes invitations. Les auteurs de leur côté m'adressaient leurs sollicitations, pour obtenir la même faveur à la cour, chez les princes, croyant, ainsi que c'est l'habitude, que la production de leur génie devait mériter l'attention de la royauté elle-même.

J'étais souvent bien fatigué et très-ennuyé de ces fréquentes sollicitations, que j'écartais toujours avec soin et politesse, mais ce n'était pas sans difficultés, que je parvenais à cet heureux résultat.

Les chanteurs, les musiciens, les faiseurs de portraits, *les jeunes prodiges* de toutes les catégories, n'oubliaient pas de mettre mon obligeance à de rudes épreuves, et en vérité, j'ai bien souvent désiré, ne plus avoir cette position de protecteur, ni de philanthrope, qui se doit, quand même, au premier demandeur, au premier ennuyeux solliciteur.

A ce sujet je me souviens avec plaisir des rares exceptions de services, dont le résultat m'a donné de vifs motifs de satisfaction, et je pourrais citer avec orgueil des peintres, des hommes de lettres, qui dans leur jeunesse ont dû à mes encouragements ou à mes démarches les premiers succès, qui furent pour leur avenir une véritable bonne fortune. Je ne parlerai pas de reconnaissance sous ce rapport, ce serait détruire une partie de l'illusion de ces oeuvres utiles, et dont je me féliciterai toujours, bien heureux encore, si l'ingratitude n'en a pas été l'unique récompense.

J'avais aussi à éconduire la foule d'inventeurs de machines à vapeur, à tisser, à filer; les hommes à idées fixes, qui prétendaient avoir fait des découvertes importantes, devant amener une révolution dans tel ou tel genre d'industrie. Les professeurs très-médiocres, qui, se croyant des aigles de science, désiraient être admis à donner des leçons aux jeunes princes et princesses de la maison royale, et certainement il ne se passait pas un jour, sans que j'eusse à refuser plus de vingt de ces personnages, aussi prétentieux que ridiculement incapables. Je laisse au lecteur à juger, combien était grand le tems consacré, malgré mes occupations multipliées, à toutes ces fatiguantes réceptions.

CHAPITRE VI.

SUITE DE L'EXAMEN DE L'HISTOIRE DE DIX ANS PAR MONSIEUR LOUIS BLANC.

L'histoire de M⁰. Louis Blanc est une éclatante preuve de la difficulté de connaître, pour les apprécier avec justice et loyauté, les événements politiques, dont on est même contemporain; car les conséquences, les principaux personnages de ces grandes scènes, se présentent avec tant de nuances différentes, qu'en vérité la couleur, suivant le reflet produit par la lumière qu'elle reçoit, change tout à coup, et les premières teintes observées disparaissent pour faire place à d'autres, que les regards primitifs ne reconnaîtraient plus.

Je vivais, dès les premières heures de la Révolution de Juillet, tout à fait avec les personnes de la maison d'Orléans, chaque jour se passait pour moi au Palais-Royal, j'avais l'honneur d'entretenir la Reine et Mᵐᵉ. Adélaïde des pétitions adressées pendant la journée, mes amis Oudard et Lamy ne me cachaient rien des faits relatifs à l'élévation du duc d'Orléans au trône, j'étais en rapport bien affectueux avec la plupart des personnages politiques et j'affirme, que tous s'accordaient pour reconnaître et proclamer la présence de ce prince comme un prévoyant bienfait de la providence.

M. L. Blanc ne peut articuler un fait de la part des représentants, qui soit une protestation contre l'avénement au trône du duc d'Orléans, et, au contraire, il donne connaissance des démarches pressantes et réiterées des députés, et je lui demande, qui donc avait alors mission de décider entre la République et une Royauté, où était cette puissance souveraine; la bourgeoisie, le peuple, avaient-ils nommés régulièrement des delégués, chargés de choisir entre ces deux gouvernements? Les opinions diverses des chambres étaient libres assurément le 31 Juillet, aucune violence ne leur imposant silence, la commission de l'hôtel de ville elle-même, les membres de la chambre des députés les plus avancés dans leurs idées populaires, MM^{rs}. Lafayette, Dupont (de l'Eure), B. Constant, le poète Béranger, Laffitte, ont-ils trahi la patrie, quel intérêt au-dessus de leurs sentiments vertueux et patriotiques les a-t-il donc frappés d'aveuglement, pourquoi, puisque vous dites M^r. Blanc, qu'ils étaient les maîtres, ne se sont-ils pas réunis pour établir la forme de gouvernement que vous croyez possible. Si la France, ainsi que vous le pensez, était contre la royauté de la famille d'Orléans quelle force dominatrice s'est répandue dans tous les départements pour faire approuver ce choix; l'armée, la garde nationale, les électeurs, les propriétaires, le commerce, l'industrie, le barreau, la finance conspiraient donc également contre la République au profit de la royauté constitutionnelle puisque non seulement ils approuvaient ce qu'on avait fait à Paris, mais envoyaient des députations au Palais-Royal pour assurer à Louis-Philippe leurs concours, leurs sympathies, leur amour!

M^r. L. Blanc assure, que la déclaration du duc d'Orléans terminait par ces mots solennels: „*La Charte sera désormais une vérité,*" avait excité le plus vif mécontentement; eh bien, je crois avoir été témoin du contraire et d'ailleurs les chambres assemblées, qui leur a adressé une seule pétition, la moindre réclamation contre cette tendance à l'appeler au trône.

M^r. L. Blanc accorde souvent aux mêmes

hommes des éloges détruits par le blâme et la blâme détruit par des éloges. Ainsi pour Monsieur Laffitte qu'il *accuse de s'être plus étroitement dévoué au duc d'Orléans depuis l'important service qu'il venait de lui rendre,* l'auteur manque de justice. Mʳ. Laffitte ne s'est jamais laissé influencer par son intérêt, celui de la France, de la liberté seul agissait sur son esprit, dictait ses déterminations.

J'ai beaucoup connu le capitaine Quatery du troisième de la garde qui avec son collègue mon ami Cartousière du même corps, venait souvent dîner chez moi ou chez Oudard, et je suis certain qu'en résistant à l'ordre du Dauphin au pont de Sèvres, ce n'était pas par infidélité, mais pour ne pas compromettre inutilement la vie de ses braves soldats.

Arrivé enfin à l'élévation du duc d'Orléans au trône par la chambre des députés Mʳ. L. Blanc se récrie sur ce que 219 voix seulement ont prononcé cette élection, mais qu'il se reporte donc au moment de cet acte important, au désordre, à l'incertitude, qui ne pouvait durer sans de graves dangers, et encore une fois en supposant qu'on eût attendu des élections nouvelles pour confier ce mandat aux députés, quelle autre chance était offerte à la

Nation; ce n'était pas la République assurément qui eût hérité de Charles X, les étrangers alors de leur côté avaient le tems d'intriguer ou d'intervenir, la branche aînée retrouvait une naturelle occasion de demander le retour de Henri V et la France se jetait dans de nouvelles révolutions. Pendant ce tems le commerce suspendu, les ateliers fermés, les finances compromises laissaient la population ouvrière sans travail, l'industrie avec ses produits invendus, et le pays sous l'influence d'une fièvre qui d'un moment à l'autre pouvait causer une maladie mortelle au corps social tout entier.

Mais ce que nous disons là M^r. L. Blanc le reconnaît lui-même, après avoir rendu compte de la séance mémorable du neuf Août où Louis-Philippe montait au trône. Ainsi nous lui demandons de bonne foi, comment donc était-il possible d'attendre les mesures qu'il indique pour obtenir le suffrage général de la France!

C'est à cette époque, que mon noble ami Casimir Delavigne composa la Parisienne qui devint avec la Marseillaise la chanson du peuple.

L'auteur termine ce chapitre intéressant par ces paroles que nous approuvons, et qui condamnent ses premiers conseils.

„Malheur à ceux, qui se jettent au hasard

dans les révolutions et qui courent au combat en poussant des cris inconnus."

Nous arrivons à l'arrestation des anciens ministres MM^{rs}. de Polignac, de Peyronnet, de Guernon-Ranville, de Chantelauze, écroués au château de Vincennes, commandé par mon brave et noble ami, le général Daumesnil, qui eut pour eux tous les égards compatibles avec les localités et leur sûreté. Il m'a fait visiter les chambres, qui devaient les recevoir et nous avons pris ensemble les meilleurs moyens de rendre cette prison le moins mal possible. Je ne connaissais personnellement que M^r. de Peyronnet et me souvenant des grâces, qu'il avait accordées sur mes demandes, de son malheur, j'oubliais les ordonnances et ne pensais qu'au désir de lui être utile, sans qu'il s'en doutât.

En politique, je ne saurais trop le répéter, il faut laisser envers le vaincu toute mémoire de rancune, rendre ses infortunes moins cruelles, et d'ailleurs de semblables procédés donnent par la générosité plus de puissance à la cause qu'on défend, que toutes les rigueurs sévères et souvent inutiles ne peuvent donner de force et d'influence. Le général Daumesnil dont tout le monde connaît la vie glorieuse et le patriotisme si pure, comprenait cette vérité et pour rien au monde il n'eût voulu manquer de l'appliquer en faveur des anciens ministres.

Mʳ. Madier de Montjau l'un des commissaires interrogateurs était à Nîmes lors de mon voyage de 1828. En nous promenant sur la grande place la conversation fut politique et nous déplorions ensemble la tendance rétrograde du gouvernement, mais ce que je n'ai jamais oublié, c'est que ce magistrat me parlant du duc d'Orléans, prédit son avénement à la couronne en ajoutant: „Il n'y a que ce prince qui puisse sauver la France, lorsque, la mesure comblée, elle se soulevera."

Mʳ. L. Blanc paraît faire un reproche au Roi Louis-Philippe d'avoir été douloureusement préoccupé du sort de ces prisonniers d'Etat, et il donne des motifs politiques pour origine de cet intérêt, je dois dire que bien souvent avant 1830. S. M. en me parlant des condamnés de toutes les catégories exprimait en termes d'une sincère conviction les mêmes sentiments d'humanité.

L'auteur rapporte la répugnance du Roi à laisser exécuter les condamnés à mort en signalant *cette sensibilité extrême*, mais avec les principes de son livre, avec son horreur du sang, lorsqu'il s'agit de ses amis politiques, il me semble au moins que Mʳ. Blanc devrait honorer et non blâmer cet éloignement de Louis-Philippe pour l'application d'une peine irrémédiable, et qui d'ailleurs provoque de la part des meilleurs esprits tant d'opinions différentes.

Je regrette bien de trouver dans cette histoire des insinuations sur le désir qu'aurait eu le peuple de voir tomber la tête des prisonniers de Vincennes sur l'échafaud, car j'ai la conviction que si des meneurs voulant le désordre et rien de plus, ne se fussent mis à la tête des ouvriers égarés, si des discours n'eussent pas monté les têtes de toutes manières, certainement le sang n'était pas demandé comme preuve d'un nécessaire et utile résultat des trois journées. Mʳ. L. Blanc prend la défense des meurtriers en demandant la mort pour les nobles, pour les riches, pour *les hommes chargés du destin des empires* etc. Mais il oublie, que les premiers qui assassinent pour voler, ne peuvent se tromper sur la nature de leur crime, tandis que des hommes d'Etat ont souvent des croyances qui leur font croire sauver le pays, la monarchie au moment même où ils les précipitent dans l'abîme, et cela peut arriver sans que la conscience, la bonne foi, l'amour de la patrie, du souverain, soient complices d'un parjure.

La jambe de bois de Vincennes, (nom populaire du brave général Daumesnil) m'a conté plusieurs fois qu'une foule de gens des basses classes, dirigées par des *Messieurs* était venue lui demander les ministres. „Vous savez, mes amis," dit le général, „depuis ma réponse aux étrangers, si je tiens ma parole. Eh bien, je vous jure sur ma jambe de bois, que si vous ne vous éloignez pas de suite je vous fais tous sauter en l'air."

Les meneurs qu'on pourrait appeler les gants jaunes des émeutes ne furent pas longs à obéir, et le peuple se retira en criant: „Vive Dausmenil, vive la jambe de bois!"

Les détails, donnés par l'auteur sur la Belgique et la Pologne sont exacts et présentés sous leur véritable jour. Comme lui nous trouvons qu'à cette époque la France pouvait sans danger se montrer plus belliqueuse. La Pologne surtout excitait l'intérêt Européen de tous les coeurs généreux et patriotes et parmi ses jeunes défenseurs n'oublions pas de nommer le noble et courageux Gustave de Montébello, qui se rendit à Varsovie pour lui offrir sa vie et sa fortune! Sa conduite pendant les tristes circonstances, qui devaient rendre stériles tant de nobles efforts a été admirable et digne du nom de son illustre père. J'ai causé souvent avec lui depuis son retour de cette malheureuse campagne, et en vérité, la cause du peuple polonais trouvait encore après ces désastres la plus éloquente voix pour sa défense. M'. Gustave de Montébello, est maintenant lieutenant-colonel dans l'un de nos régiments de cavalerie, aimé de ses camarades, chéri des soldats, sur l'esprit desquels ce grand nom, si bien porté, a la puissance des glorieux souvenirs.

Au moment ou j'écris ces lignes à Berlin, la Pologne est de nouveau en révolution, et son sang coule de toute part sans espoir de succès pour sa liberté. L'Autriche et la Russie se défendent naturellement, et comme la force est de leur côté les pauvres et imprudents Polonais cédant aux fausses espérances de la presse, des sympathies qu'ils inspirent se font décimer, tuer, ruiner, exiler sans avancer d'un seul jour le moment de leur émancipation. De bons conseils, de sages méditations, auraient empêché ce soulèvement, mais les jeunes têtes d'hommes ayant le coeur chaud et patriote, ne calculent pas les chances d'un revers qui retarde toujours le triomphe de la liberté, et sans le vouloir ils donnent des prétextes nouveaux aux exigences du pouvoir absolu.

Le Roi de Prusse en cette triste occasion s'est conduit avec la plus généreuse bonté, son coeur excellent, dominant même les règles politiques a résisté autant que possible aux mesures extrêmes. Ordinairement les souverains soumettent les inspirations du coeur aux influences de l'esprit, mais Frédéric-Guillaume IV éclairé, bienfaisant, généreux, aimant les sages réformes, les progrès raisonnables d'une civilisation humaine et d'avenir a été envers les vaincus de la Pologne un véritable protecteur et c'est bien malgré lui, qu'il a rempli les obligations sévères imposées par les traités à la Prusse. J'ai eu l'heureuse occasion d'entretenir plusieurs fois ce monarque, j'en ai reçu des lettres, de nobles encouragements pour mes projets de réformes des prisons et des hospices d'orphelins, et je puis sans être courtisan assurer, qu'il est impossible d'avoir de plus charitables pensées, un désir plus ardent du bien, une plus entière et noble bienfaisance. J'ai connu des princes ayant beaucoup d'esprit, de finesse, et peu de coeur pour les souffrances des peuples, le Roi de Prusse possède autant de hautes lumières que de supérieures et saintes inspirations, aussi tous les genres d'infortunes, de misères trouvent-ils en sa sollicitude un constant protecteur. J'aurai occasion dans une autre publication de parler des rares qualités de ce souverain que tant de titres doivent placer bien haut dans l'opinion de l'Europe.

Revenons à l'ouvrage de M^r. L. Blanc. Arrivant à la translation des anciens ministres de Charles X au Luxembourg, l'auteur cette fois avoue, que le peuple semblait apaisé. C'est aussi mon opinion, et j'ajoute qu'on ne pouvait avoir de sérieuses craintes, pour leur vie lors du procès.

J'avais visité avec le colonel Feisthamel, commandant la garde municipale, les chambres préparées comme prison et je n'eus aucune observation à faire, la sûreté et l'humanité cette fois étaient d'accord. Au moment de ce procès célèbre Benjamin Constant mourait, et comme le dit l'auteur, dans une position plus que gênée. Combien de fois ai-je vu ce grand citoyen, à nos comités de la société de la morale chrétienne, paraissant souffrir intérieurement et dans une toilette attestant une pénurie même de linge, en vérité, j'en n'avais le coeur navré, et chose étrange Benjamin Constant, conservait pour les travaux utiles, mais modestes de nos comités toute l'énergie et la suite dont son supérieur esprit était capable. Ses observations fines, spirituelles son adversion pour les jeux surtout, ainsi que je l'ai déjà dit, étaient remarquables, on eût dit qu'il sentait par lui-même les dangers du jeu sans avoir le courage de s'y soustraire.

Je n'ai pas été surpris de la magnificence populaire de ses funérailles, car indépendamment des droits de B. Constant aux regrets de tous les patriotes, il y a pour les morts illustres un jour de justice, où les mauvaises passions s'éteignent ou s'endorment pour eux, c'est celui de leur fin! Des souscriptions considérables sont ouvertes pour payer l'enterrement, élever le monument sur la tombe, qui leur donne un dernier asile, mais c'est après la vie que cette générosité, ces hommages deviennent une sanction éclatante, la veille de la mort pas une bourse ne s'ouvre pour pourvoir aux besoins et prolonger l'existence du héros du lendemain!

Cette observation, je l'ai fait cent fois pour des hommes de lettres, des peintres, des artistes qu'on laissait dans le plus complet dénûment, sans pain pour ainsi dire, et lorsque les chagrins, la misère, les privations triomphaient de leurs forces, de leur résignation, qu'ils terminaient cette si triste existence, les échos de la renommée, des journaux, des académies, des chambres tressaient des couronnes, réclamaient les honneurs du Panthéon, des statues sur les places publiques. Bizarrerie de l'esprit humain, la gloire, la justice, la vérité enfin ne règnent que sur les tombeaux, et l'envie, la jalousie, la calomnie, l'ingratitude sont dominatrices permanentes, tyrans impitoyables de toute notre existence et semblent nous dire: „Pour vivre commencez par mourir!"

Le procès des ministres devant la cour des pairs fut ce qu'il pouvait être, rien de plus, rien de moins, la mort du maréchal Ney, avait suffisamment déconsidérée cette chambre, et d'ailleurs pouvait-on avec justice exiler le Roi Charles X et sa famille et condamner en même tems ses ministres à mort. D'ailleurs je le demande qui aujourd'hui en 1846 oserait regretter, que le sang de MM^{rs}. de Polignac, Peyronnet, de Ranville, de Chantelauze n'ait pas arrosé la Révolution de Juillet. Lorsque le tems laisse subsister une opinion, c'est qu'elle était conforme à la justice, à la religion, au bien.

Après mille investigations politiques sur la Belgique, la Pologne, MM^{rs}. Laffitte, Odilon Barrot, Casimir Périer, le Roi Louis-Philippe sur les émeutes etc. l'auteur arrive aux St. Simoniens et nomme plusieurs personnes, que j'ai particulièrement connues et affectionnées sur lesquelles je dirai quelques mots.

Lors de mon voyage à Joinville où le duc d'Orléans avant 1830 m'avait envoyé, je vis M^r. Henri Fournel et sa femme, qui me reçurent au Creusot avec le plus aimable empressement. M^r. Fournel était un mathématicien instruit, ingénieur distingué. Aimant à s'occuper de l'éducation du peuple et des améliorations des prisons, nous allâmes ensemble visiter le colonel et Madame Dubignon à leur charmante campagne et de là chez Monsieur Pavée de Vandoeuvre à son château de Vandoeuvre. Ce voyage fut des plus intéressants et mon savant compagnon de la plus entraînante amabilité. Mes idées sur les prisons, les écoles et les hospices avaient frappé l'esprit de sa femme et le sien assez profondément, pour donner à notre liaison un cachet de véritable amitié que le tems et les circonstances n'ont pu détruire. Peu de tems après j'appris que cet intéressant et excellent ménage était, si ce n'est à la tête au moins bien avant dans les doctrines nouvelles, et que je crois inapplicables, mais bien certainement la bonne foi, la loyauté, le désir d'utiles progrès avaient seuls fait cette conquête.

J'assistai un jour rue de Monsigny à une conférence du père Enfantin, et je dirai franchement que j'ai peu compris cette exposition de doctrine sociale, et je vis avec regret mon honorable collègue de la société de la morale chrétienne, M^r. d'Eichtal, abandonner une grande partie de sa fortune à cette association.

M^r. L. Blanc parle du choléra, de ses ravages, après avoir longuement critiqué le chiffre de la liste civile, mais ce qu'il eût dû ajouter c'est que la famille royale fit de considérables charités, et accorda de nombreux secours à tous les infortunés, atteints de ce fléau ou aux survivants, qu'il privait de ses pères et mères. Je sais pour ma part, que le Roi, la Reine et Madame s'occupèrent avec la plus grande bonté et la plus entière générosité des veuves et des orphelins, et certainement plus de cinq cents mille francs furent distribués aux victimes de cette espèce de peste. Indépendamment de ces bienfaits matériels auxquels étaient joints des couvertures, des gilets, des bas de laine etc., la Reine et Madame s'occupaient avec la plus tendre sollicitude d'exciter le zèle et les soins des chefs des hôpitaux, hospices, écoles et médecins. S. M. et S. A. R., recevaient plus de quatre cents pétitions par jour à cette désastreuse époque, et tant d'ordres m'étaient donnés pour aller chez des veuves, recueillir et placer des orphelins, que je tombai moi-même malade à la suite de toutes ces fatigues. La mortalité des prisons surtout était considérable, et chaque jour j'allais au moins en visiter une. Je me souviens qu'à la Force, où le bon docteur Jacquenin se donnait tant de peines, j'avais le plus triste tableau devant les yeux, lorsque je parcourais les salles de l'infirmerie qui ne suffisaient plus. Un jour que, malgré les invitations réiterées des gardiens et infirmiers, j'avais voulu aller parler à chaque malade, plusieurs mourants, me reconnaissant encore, me disaient: „Mʳ. Appert, fuyez ce séjour de la mort, ne venez plus au milieu de nous, vivez pour les autres prisonniers!" Je m'approchai d'un pauvre jeune homme, qui s'efforçait par des signes de me faire comprendre de quitter ce lieu de désolation, je lui pris les mains, déjà froides, et lui dis: „Mon ami, chaque fois que l'homme fait son devoir,

Dieu veille sur lui!" Il fut bien touché de cette réponse, une grosse larme tomba de ses yeux, et il expira à l'instant même! Sa figure se décomposa peu de minutes après! — Je ne sais quelle confiance intérieure m'animait, en éloignant de mon esprit toute idée de crainte, jamais je n'avais eu moins peur de me rendre au milieu de ces malheureux, et pour rien au monde je n'eusse consenti à renoncer à ces consolantes visites.

Je ne puis, en parlant du choléra, résister au désir de citer un acte de dévouement généreux choisi au hasard parmi les milles anecdotes de bienfaisance qui honorèrent de pauvres familles à cette époque.

Un malheureux cordonnier, célibataire demeurant dans la maison la plus populeuse peut-être de Paris, voit tous ses voisins mourir en moins de quinze jours, vieillards, femmes, enfants sont moissonnés par ce fléau, un seul petit garçon dont cet honnête ouvrier avait été le parrain par humanité, survit à son père, sa mère, ses frères et soeurs. L'autorité veut le placer dans un hospice, mais son père adoptif ne consent pas à s'en séparer, il demande en grâce qu'on le confie à ses soins. La moralité de cet homme, les bons renseignements donnés sur sa conduite engagent à accepter cette offre généreuse. Pendant un an l'orphelin reçoit des preuves de la plus touchante affection, mais la santé du pauvre cordonnier s'altère par l'excès du travail dont le produit est nécessaire à l'accomplissement de l'oeuvre, qu'il s'est imposée et se sentant chaque jour plus faible, il écrit à la Reine pour la supplier de lui venir en aide.

S. M. me remet cette pétition qui l'a vivement intéressée en me laissant maître d'accorder ce que je jugerai convenable. Je fais venir chez moi ce brave homme qui, sans que je lui en ai fait la demande, m'amène son jeune protégé dont la physionomie et l'intelligence provoquent tout mon intérêt. Je propose *cent* francs au cordonnier de la part de la Reine, et quelle n'est pas ma surprise, lorsqu'en place d'un remercîment auquel je m'attendais, il me répond avec dignité: „Monsieur, ce n'est pas de l'argent que je vous demande ni à Madame la Reine, c'est de bien faire élever cet enfant, et je vous avoue même que pour me décider à le quitter il faudrait, qu'on le plaçât entre bonnes mains." Cette réponse et l'émotion avec laquelle elle était faite me fit lui dire, sans trop me rendre compte de l'engagement que j'allais prendre: „Mais si j'allais le garder avec moi seriez-vous content?" Jamais je n'ai vu de figure plus heureuse que celle de cet estimable ouvrier, il accepta, en m'exprimant toute sa reconnaissance, et je pris effectiment chez moi le jeune Arsène, dont je ne me suis séparé que depuis bien peu de tems et à mon grand regret.

Pendant que le choléra faisait les plus grands ravages, j'allai avec Mʳ. Oudard dîner chez notre illustre ami, le général Dausmenil à Vincennes. Sur mon observation que les médecins prescrivaient de boire peu de vin et point de liqueurs, notre brave hôte se rit beaucoup de moi et de mes craintes en ajoutant: „Mon cher philanthrope, vous avez peur de mourir, venez passer quelques jours avec nous, et vous serez plus fort que le choléra!" Nous nous séparâmes fort gais en promettant de revenir à Vincennes bientôt, puisque le général *refusait l'entrée de la citadelle à cet horrible et impitoyable ennemi*, mais, hélas! cette plaisanterie reçut dans la huitaine un cruel démenti, et Mʳ. Oudard et moi apprimes par les journaux, que le général Dausmenil, atteint de cette maladie avait succombé en peu d'heures.

Sa veuve me fit remettre en souvenir d'amitié le portrait de cet illustre ami, le représentant en habit de bataille, avec cette inscription écrite par elle: „*La veuve du général Dausmesnil à M^r. Appert comme témoignage de l'affection et de l'estime qu'il lui portait.*"

M^r. Lamy, secrétaire des commandements de Madame Adélaïde, frappé comme nous de cette douloureuse mort, rencontre un matin, en se rendant aux Tuileries, plusieurs corbillards conduisants des morts au cimetière, son imagination ardente le domine entièrement, et sans demander l'agrément de S. A. R., lui qui est si exact, si stricte sur l'observation des convenances, il part pour Randan d'où il ne reviendra qu'après la disparition du choléra.

Le Roi, la Reine et Madame excusent cette fuite qui pour un moment fait oublier la tristesse générale dont tout le monde est accablé. Nous ne pouvons, en cessant de parler du choléra, oublier les visites si touchantes faites en ce dangereux moment par Monseigneur le duc d'Orléans, et rappeler, combien cet excellent si regrettable prince eut de charitables b... pour les pauvres malades. Des secours nombreux, des consolations exprimées par S. A. R. au chevet du lit de chaque mourant, dans les salles de l'Hôtel-Dieu, où la mort paraît n'épargner ni les visiteurs, ni les visités, mille traits de sublime bienfaisance, font de nouveau apprécier les nobles qualités de ce bien aimé fils de la bonne Reine Marie-Amélie, et toutes les classes de la population française admirent alors un si périlleux dévouement de l'héritier du trône.

CHAPITRE VII.

SUITE DE L'EXAMEN DE L'HISTOIRE DE DIX ANS.

M^r. L. Blanc, comme beaucoup d'autres écrivains de mérite, insinue que le Roi Louis-Philippe veut souvent soutenir opiniâtrement ses opinions, qu'il résiste parfois aux conseils, aux avis et qu'on ne peut pas toujours vaincre ses répugnances pour telles ou telles personnes, l'amener à leur donner sa confiance; mais en vérité, ces reproches font plutôt l'éloge que la critique de S. M. Sans doute, dans un gouvernement constitutionnel, le chef de l'Etat doit s'en rapporter à ses ministres responsables devant la loi et les chambres, mais cela ne peut vouloir dire que le Roi n'aura pas le droit de chercher à faire prévaloir ses idées, ses vues, car il est plus intéressé que personne du royaume à la bonne direction des affaires. Sa famille, sa fortune et quelquefois sa vie et celle de tous les siens sont un gage de paix et du bonheur des populations. On désire ordinairement un souverain capable, et en même tems il devrait être assez nul et soumis, pour ne pas même exprimer hautement ses pensées, vraiment cette prétention ne peut s'admettre sérieusement dans le siècle où nous vivons.

Je conçois d'un autre côté que le ministre responsable résiste aux séductions des cours, que dans le conseil, en présence du chef de l'Etat il expose ses doctrines et reste fidèle à ses convictions, qu'il donne sa démission plutôt que de signer un acte contre sa conscience, mais alors par la même raison le Roi peut aussi refuser sa signature à une ordonnance contraire à son opinion. Chacun dans sa position doit rester l'arbitre de sa volonté, car être Roi constitutionnel ne veut pas dire régner sans penser, et laisser agir tout, excepté son esprit.

Pour appuyer l'opinion qu'un Roi constitutionnel doit laisser entièrement libres ses ministres, on dit, qu'il a en échange de cette nullité l'inviolabilité de sa personne et des membres de sa famille, mais cette théorie dans la pratique n'est jamais appliquée, de là une tendre affection ou une haine populaire pour le souverain, suivant qu'on est content ou mécontent de son gouvernement, et vient-il une révolution, je le demande avec l'appui de l'expérience, s'en prend-on seulement aux ministres, et laisse-t-on tranquille sur le trône le monarque inviolable. Tous les *faiseurs* de constitutions, même de celles des républiques ne parviendront jamais à isoler entièrement le chef de l'Etat des actes revêtus de sa signature, car il semblera toujours au bon sens que celui qui signe, approuve, ordonne, devient par cela même au moins moralement solidaire. Vouloir plus c'est demander l'impossible et l'exemple de Louis XVI et de Charles X est là pour prouver si nous avons raison.

Mais ce que nous admettons pour les Rois nous le combattons pour les ministres, car eux n'ont pas toute leur existence, leur avenir attachés aux portefeuilles ministériels. Ils peuvent toujours renoncer aux fonctions publiques, refuser de signer un acte qui est contre leur conscience, le lendemain sera un repos, le commencement peut-être de leur popularité, rien de plus, mais un Roi qui refuserait obstinément de signer toute ordonnance, aurait-il, soyez sincères messieurs *les constitutionalistes*, la possibilité de se retirer, et d'aller tout tranquillement vivre dans un de ses châteaux? Ne voyez-vous pas la presse entière l'accuser de mettre le pays en danger, de le trahir, d'appeler secrètement les étrangers à son secours, et dans ce cas, croyez moi, on recommencerait fort bien le voyage de Versailles de 1789, ou celui de Rambouillet de 1830.

Ce qu'il faut, pour empêcher ces malheurs, ce sont des lois sages, et en harmonie surtout avec la dignité d'un Roi et les droits raisonnables de la Nation. Un contrat, pour être fidèlement exécuté par les parties contractantes, doit avant tout être juste, équitable pour chacun, alors la responsabilité des ministres sera du domaine de l'opinion publique, et deviendra l'inviolabilité des Rois, l'amour et la reconnaissance des peuples, c'est une puissance morale, que vous ne pouvez jamais remplacer avec avantage par une force matérielle.

M. L. Blanc, il faut le reconnaître, exprime avec franchise et loyauté son horreur pour les tentatives d'assassinat, dont le Roi Louis-Philippe a tant de fois manqué d'être victime, et c'est une nouvelle preuve de la pureté des sentiments, de l'élévation du caractère de l'auteur, que nous sommes heureux de proclamer, mais toutes les têtes de son parti n'avaient pas cette sagesse honnête et souvent j'ai entendu de jeunes fanatiques, même dans les prisons, se faire honneur dans leurs entretiens particuliers, sachant bien qu'un secret de détenu a toujours été inviolable pour moi, de leurs désirs de voir le succès du régicide, et en vérité, lorsqu'en sortant des prisons j'allais aux Tuileries, que je voyais des lettres anonymes, adressées lâchement à la Reine ou à Madame, dans lesquelles on leur donnait avis, que tel jour à telle heure le Roi ou les princes seraient tués, j'avais dans le coeur la plus grande douleur, et les craintes les plus vives. S. M. et S. A. R. pleuraient souvent, en me communiquant ces menaces infâmes, que des tentatives, on le sait, ne justifiaient que trop. Alors chaque membre de la famille royale, recevant tour à tour de ces terribles confidences, souffrait en secret, n'osant confier ses inquiétudes à celui qu'on désignait comme la première victime du crime médité. Beaucoup de gens venaient me confier de semblables projets ; alors, sans nommer personne, j'allais chez le préfet de police, sous un prétexte quelconque, et dans la conversation je lui demandais, s'il était bien certain de l'activité de ses agents, toujours il me répondait avec une sécurité complète, mais malheureusement la machine de Fieschi, le coup de pistolet du Pont-

Royal, la tentative d'Alibaud, etc. venaient souvent donner tort à la prévoyance de la police. Dans cette position, aimant la famille royale, que je voyais tous les jours dans son intimité, entendant certains prisonniers, dont l'égarement ne reculait pas devant l'idée du crime, lisant souvent des lettres anonymes, recevant chez moi des indices, vagues, il est vrai, mais fréquentes de nouvelles tentatives contre la vie du Roi ou des princes, comprenant de quel malheur la France serait frappée, si le régicide atteignait le but de ces abominables efforts, je tremblais en silence pour de si chers intérêts.

J'avais ma campagne à Neuilly près du château royal, et je venais tous les matins au quai d'Orsay. J'appris un jour, par un bruit vague, qu'on devait attenter aux jours du Roi, dans une de ses promenades des Tuileries à ce palais. Ce que conte M^r. L. Blanc à ce sujet de M^r. Thiers et de la famille royale, est parfaitement exact, et fait honneur à tous. Dans le même tems je voyais rôder sur la grande avenue de la barrière de l'Etoile, au pont de Neuilly, de ces hommes sinistres, dont je ne trouve les physionomies que dans les cachots des prisons ou des bagnes, et pourtant la police avait des agents à cheval, habillés en bourgeois, qui parcouraient cette route avant ou après le passage du Roi. Vidocq, qui affectionnait sincèrement je crois S. M., me confiait de tems en tems ses doutes, pour ne pas dire ses certitudes contre de nouveaux attentats, et à cet égard je dois rendre justice à son désintéressement, il ne voulut jamais accepter le moindre témoignage de remercîment. Toujours ces confidences me tourmentaient, puisque pour rien au monde je n'eusse voulu me mêler de police, et d'ailleurs les gens, chargés de veiller à la sûreté du Roi, recevaient assez mal des communications de ce genre, ajoutant: „Croyez-vous, que nous n'avons pas notre monde?" et cependant cette habile et prétentieuse police ne prévenait et n'empêchait rien.

Le 28 Juillet 1835 j'étais comme officier de la dixième légion de la garde nationale sur le Boulevard, près la rue Montmartre, le Roi et ses fils en passant me reconnurent et daignèrent me dire quelques mots gracieux; ils allaient du côté du Boulevard du Temple, où se déployaient les autres légions de Paris et de la banlieue; un nombreux cortége de généraux et officiers de tous grades escortait S. M.

Vers midi, et ainsi que le raconte fidèlement l'auteur, le Roi passait en revue la huitième légion, stationnée devant le jardin turc, entouré des princes, des maréchaux Mortier et Lobau, etc. Tout à coup, comme sur un champ de bataille, la mort frappe autour et très-près du Roi le maréchal duc de Trévise, le général de Verigny, le capitaine de Villatte, le colonel Raffé et mon excellent ami, M^r. Rieussec, lieutenant-colonel de la huitième légion, les gardes nationaux Prudhomme, Benetter, Ricard, Léger et l'estimable et vieux M^r. Labrouste, la nommée Langeray et la jeune Sophie Remy. Au milieu de ce carnage d'un grand nombre de balles la providence sauve le Roi et les princes ! Peu d'instants après nous apprenons cet attentat à notre légion, le peuple, comme nous tous, est indigné, enfin S. M. continue avec son sang-froid admirable la revue, et sur tout son passage les plus vives acclamations l'accueillent et protestent contre ces horribles complots. La bonne Reine, les plus jeunes princes et les princesses étaient chez le garde des sceaux, place Vendôme, pour voir défiler toutes les légions devant le Roi, elles connaissent en même tems l'événement et le miracle, qui a préservé la vie de S. M. et de ses bien aimés fils. Je ne puis dire assez, quelle tristesse, quel abattement accablèrent la famille royale, et tous les gens honnêtes, n'importe de quelle opinion. Deux jours après l'arrestation de Fieschi, je lus dans le Courrier Français un article, dont voici la substance:

„L'homme, qui est l'auteur de la machine du Boulevard du Temple, dit se nommer Fieschi, avoir été emprisonné dans un cachot, où des chaînes énormes le retenaient au mur et sur le sol humide, lorsqu'un jour M^r. Appert, en visitant cette prison, le fit retirer de ce véritable tombeau, et lui remit dix francs pour le soulager. Ce criminel ajoute: „„Je dois la vie et la plus profonde reconnaissance à M^r. Appert, car sans lui je serais mort."" Pour la première fois de ma vie je regrettais d'avoir été humain et compatissant.

J'allai de suite au palais offrir de visiter ce misérable dans sa nouvelle prison, mais une auguste princesse, vivement émue et toujours d'une si noble bonté, me répondit: „Merci, M^r. Appert, n'allez pas vers ce malheureux, cela pourrait vous causer des ennuis, et nous ne voulons pas augmenter ceux, que vous donnent déjà nos secours!"

J'étais avec ma légion aux Invalides le jour

des funérailles des victimes de Fieschi, le 5 Août, et je puis assurer, que jamais spectacle plus triste, plus imposant, ne s'offrit aux regards des Parisiens. L'indignation et la douleur étaient sur tous les visages et dans tous les coeurs.

Suivant M^r. L. Blanc dans l'ordre de son livre, nous arrivons à la détention de la duchesse de Berry à Blaye, dont nous n'avons pas parlé, cette histoire étant connue de tous. Lors de mon voyage à Bordeaux en 1828, la duchesse de Berry y vint également, et des fêtes magnifiques lui furent données. En visitant la citadelle de Blaye, où le commandant me retint à dîner, j'étais bien loin de penser que, peu d'années après, elle deviendrait la prison de la princesse, objet de tant d'hommages dans le même pays. Lors de la captivité de Son Altesse Royale, je dis franchement aux Tuileries que, tout en reconnaissant le danger de ses manoeuvres, pour faire naître la guerre civile, il eût été plus digne du gouvernement, de ne pas afficher publiquement sa grossesse, son mariage secret, car enfin elle était nièce de la Reine, mère du prince, qui ne devait son exil et son éloignement du trône qu'aux imprudences de son grand-père; mais les courtisans des souverains et ceux du peuple reçurent fort mal mes observations, et ce scandale sans générosité fut la règle de conduite du ministère de l'époque.

Nous ne dirons rien au sujet des traités, rapportés par l'auteur, n'étant pas comme lui certain de comprendre assez les avantages ou les inconvénients des alliances entre la Russie, la Turquie et la France; ces graves questions demandent une grande réserve. Nous garderons ce silence discret sur le procès Fieschi, Morey et Pepin, rappelant seulement que Samson, l'exécuteur des hautes oeuvres, voulut m'offrir comme présent les redingotes des trois condamnés, mais les familles Pepin et Morey, ayant réclamé les vêtements de ces derniers, je ne reçus que ceux de Fieschi.

Mr. L. Blanc parle ensuite des ducs d'Orléans et de Nemours allant ensemble à Berlin, Vienne, etc., où ils sont parfaitement accueillis. Depuis mon séjour en Allemagne, j'ai entendu dire partout et dans les diverses opinions, que LL. AA. RR. réunirent tous les suffrages en leur faveur. Quant à la question du mariage de l'aîné de ces princes, il me semble, comme à l'auteur, que la France avait droit pour le fils de son Roi, d'attendre plus de courtoisie des grandes puissances.

M^r. L. Blanc conte, que Marie-Louise, rencontrant en route le duc d'Orléans, ne put parler et retenir ses larmes, parcequ'il lui rappelait le duc de Reichstadt. J'ai peine à croire à cette tendre émotion, me souvenant du tems où cette femme, cette mère, cette Impératrice n'eut pas la courageuse pensée de défendre même l'avenir de ce fils unique.

Nous arrivons à de nouveaux attentats contre la vie du Roi, le coup de pistolet du Pont-Royal, si diversement interprété. Nous avons vu la lumière et la fumée de notre croisée du quai d'Orsay, et nous croyons bien connaître l'auteur d'après ses propres aveux. Une semblable tentative se renouvelle au guichet des Tuileries avec autant d'audace, et fort heureusement sans plus de succès. Cette fois c'est Alibaud que les idées républicaines, ainsi que l'avoue l'auteur lui-même, ont égaré et rendu régicide.

On connaît la condamnation, les efforts de l'avocat M^r. Charles Ledru, pour «sauver ce malheureux et jeune insensé. Le dimanche, veille de l'exécution, il vint à cheval chez moi à Neuilly, où je n'étais malheureusement pas, pour me prier de porter de suite à la Reine la lettre si touchante pour le Roi, que rapporte Mʳ. L. Blanc, mais malgré le penchant de Louis-Philippe à commuer la peine, le ministère fit prévaloir l'utilité de l'exécution, et elle eut lieu le lendemain de très-bonne heure. Le bourreau m'a envoyé la redingote de ce condamné pour lord Durham; lorsque Samson vint me voir, il m'assura, qu'Alibaud l'avait péniblement impressionné par sa jeunesse, sa physionomie intéressante, et son courage.

Après des détails politiques Mʳ. L. Blanc dit, en parlant du duc d'Orléans: „Mélange de bonnes et de mauvaises qualités ce prince était plein de ruse, mais plein de bravoure. Les intérêts de la liberté le touchaient faiblement, quoiqu'il affectât des dehors de libéralisme etc."

Je ne puis m'empêcher de protester hautement contre cette opinion, car j'ai connu personnellement, pendant dix ans, ce jeune prince à l'âge, où l'esprit des cours n'a pas encore corrompu le coeur, et j'affirme, qu'il était franc, loyal, simple et sincère ami des libertés de la France et de sa dignité. Je déclare que, frappé souvent de la rare perfection de son caractère, j'étudiais en silence tous ses penchants, et jamais je ne suis parvenu à déviner un défaut, et sans cesse de nouvelles qualités s'offrirent à mes regards. J'ai été intimement lié avec plusieurs de ses camarades d'études ou professeurs, et tous s'accordaient à reconnaître, que l'élévation de sa naissance ne pouvait surpasser celle de ses nobles pensées, de la générosité de son coeur, de la grandeur de ses sentiments!

L'auteur arrive à la conspiration du prince Louis Napoléon, et je pense, comme lui, qu'elle ne pouvait réussir avec les éléments, dont il usait. Je connaissais depuis long-tems le commandant Parquin, et malgré l'estime que j'avais pour son caractère, il ne me semblait pas réunir toutes les qualités nécessaires à la conduite d'une telle entreprise. Mme. Gordon était venue autrefois chanter chez moi au quai d'Orsay, et j'étais loin de me douter, qu'elle jouerait plus tard le rôle de Strasbourg.

Pendant que ce complot avortait, l'ex-reine de Naples, soeur de l'Empereur, était à Paris, où la famille royale, le gouvernement et les chambres lui accordaient de grands égards et une pension viagère, en compensation des réclamations, qu'elle présentait sur l'illégalité de la vente de Neuilly, son ancienne propriété.

Une dame de mes amis, m'ayant appris,

que cette princesse avait daigné lui parler de moi, en exprimant le désir de me recevoir, je me rendis à son hôtel, et je fus introduit de suite près d'elle. J'éprouvai, en revoyant la soeur de Napoléon, après tant d'infortunes diverses, une profonde émotion, son malheur la rehaussait à mes yeux, lui rendait la grandeur et la majesté de la couronne. Elle comprit tout ce qui se passait dans mon âme, et pour m'en remercier, ses paroles, sa bonté, son auguste bienveillance furent parfaites. La Reine Caroline causait avec noblesse et simplicité, et était au courant de mes publications pour les prisons, aussi daigna-t-elle me dire: „Monsieur Appert, quoique loin de la France, je n'en suis pas moins tous les progrès, qui tendent à l'amélioration des classes malheureuses, et j'ai lu avec un vif intérêt tous vos ouvrages, excepté le dernier sur les bagnes. Je suis de votre avis sur la peine de mort, et lorsqu'en absence du Roi je gouvernais, j'avais souvent de vives discussions avec mes ministres, qui ne voulaient jamais me laisser faire grâce de la vie aux condamnés à mort. Je resistai, et un jour, qu'une malheureuse femme, qui venait d'accoucher, devait être exécutée, malgré le ministre de la justice j'ordonnai impérieusement la commutation de peine en vingt ans de détention. Je m'occupais beaucoup du sort des prisonniers, mais dans ce pays les préjugés des uns, l'ignorance d'autres, l'indifférence des grands pour les douleurs des petits, me présentaient à chaque pas un nouvel obstacle."

La physionomie de cette ancienne Reine avait pendant cette curieuse conversation une dignité et une simplicité inspirant le respect et le plus vif intérêt. S. M. ajouta après ces paroles: „Vous êtes depuis long-tems près de la Reine des Français. On la dit de la plus grande bonté, Monsieur Appert, j'ai pour sa personne une véritable admiration; sa famille est on ne peut mieux élevée, et gagne à être vue de près n'est-ce pas?" J'entrai dans quelques détails sur la bienfaisance de la Reine Marie Amélie, qui touchèrent le coeur de l'ex-Reine de Naples et après d'autres sujets de conversation sur l'Empire, sur ce que j'avais dû être attaché au Roi de Rome, sur l'Empereur, je pris congé de la princesse en lui demandant la permission de lui offrir mon livre sur les bagnes.

Le lendemain je le portai chez elle et j'avais écrit sur la première page: „Hommage de vénération et du plus profond respect offert à Sa Majesté la Reine Caroline."

Dans la même soirée on apprenait à Paris le complot de Louis-Napoléon, la police croyant que sa tante avait connaissance de ce projet, on fit chez elle une perquisition et justement mon ouvrage fut examiné et on rendit compte de ma visite et de l'inscription. Mais fort heureusement j'avais raconté à la Reine et à Madame Adélaïde, cette entrevue, sans cacher combien elle m'offrit d'intérêt, et quelle opinion avantageuse Madame Murat avait de toute la famille royale et alors ma franchise et ma position au palais ne permirent pas cette fois à la jalousie et au mensonge de m'atteindre.

La destinée rapproche souvent de grandes infortunes, comme pour montrer aux hommes qu'il n'y a rien de durable en ce monde, d'heureux, de fort qu'avec l'appui spécial de Dieu. Ainsi au moment, où la soeur de l'ancien maitre du monde est près de cet arc de triomphe de l'Etoile, souvenir vivant de sa gloire et de ses conquêtes, où son infortuné mari est représenté au milieu de tous les braves qu'il domina par son nom et encore plus par son courage, au moment où cette princesse sollicite une pension, expression de la décadence de sa puissante famille, Charles X, le descendant de St. Louis et de Henri IV, sacré à Rheims, Roi de France meurt, ainsi que nous l'avons déjà dit, sur la terre de l'exil! *

* A l'instant où s'imprime cette feuille j'apprend avec grand plaisir l'évasion du prince Louis Napoléon, du château de Ham, et j'espère, ainsi qu'il en fait la promesse d'Angleterre où il est arrivé, qu'on ne viendra plus à l'entraîner dans de semblables entreprises. Le gouvernement s'empressera sans doute de mettre en liberté les autres détenus, complices de ce prince.

CHAPITRE VIII.

MARIAGES DES SOUVERAINS ET DES PRINCES.

Ordinairement les alliances des princes sont entièrement politiques, et presque toujours les filles de Roi deviennent des otages sacrifiées à des combinaisons que le tems change, et alors la pauvre princesse, gage d'une espérance, n'est plus qu'une victime immolée à toujours. Certains Rois ne sont pas meilleurs pour leurs femmes, que pour leurs sujets et j'en pourrais nommer deux dont les manières, les brusqueries, les violences sont plus que roturières. L'une de ces majestés est morte et jamais je n'ai entendu soupirer un regret, l'autre est à sa seconde femme, parceque la première à succombé à la suite d'un emportement royal, dont le plus humble ouvrier rougirait. Je connais d'autres Rois très-durs pour le peuple et cependant excellents maris, et enfin je puis et dois, puisqu'il s'agit d'éloges, dire que le Roi des Français, l'Empereur Nicolas, le Roi Frédéric-Guillaume de Prusse, sont les meilleurs époux, toujours affectueux, toujours empressés. Dans la famille royale de France, il serait difficile de nommer le meilleur parent, l'ami le plus dévoué à ses proches. Que ce soit le Roi, la Reine ou l'un des princes ou princesses qu'une indisposition retienne dans ses appartements, tous les membres de cette excellente famille, sont à l'instant vivement préoccupés et ne négligent pas une minute de lui consacrer tous les soins imaginables.

Cette tendresse si parfaite et constamment réciproque est un continuel échange d'affectueux embrassements, de bonnes impressions et de délicates attentions, et nous pouvons sans flatterie reconnaître, que près de la royauté de Juillet il est toujours possible d'admirer la réunion de toutes les vertus de la vie privée.

J'ai vu plusieurs fois aux Tuileries l'Empereur Don Pédro avec l'Impératrice sa femme, la Reine dona Maria, et ces augustes personnages paraissaient vivre dans la meilleure harmonie.

La Reine Victoria d'Angleterre, est trop tendrement attachée au prince Albert, qui n'a pas, comme on le sait, le titre de Roi de la

Grande-Bretagne, et cet excès d'amour cause quelquefois dans le royal ménage des petites bouderies, rendant les reconciliations de véritables événements de palais. L'esclavage, même recouvert d'un manteau d'hermine et entouré d'humbles courtisans, reste toujours l'esclavage, et certains princes comme de simples bergers aimeraient mieux la paix du coeur avec la chaumière, que les ennuis de la jalousie sur les marches du trône. Si j'avais eu le malheur d'être prince, il me semble que jamais une alliance qui m'eût fait le sujet de ma femme, n'aurait pu me convenir; l'homme doit rester toujours le maître dans la maison, et la qualité de prince ne doit pas exclure cette condition naturelle des rapports de l'homme et de la femme.

Les Reines d'Angleterre, d'Espagne, et de Portugal auront ce privilége de la couronne héridataire, aussi les princes qui les épousent sont de familles de troisième ou quatrième ordre. Pour la maison d'Orléans les alliances des enfants rencontrent une auguste puissance qui combat autant que possible les exigences de la politique. La bonne Reine n'aurait pu donner ses filles à des fils de Rois, à des Rois mêmes, dont le caractère, l'éducation, la vie privée n'eussent pas été favorablement connus.

J'ai été témoin de la sollicitude de cette tendre mère lors du mariage de la princesse Louise, aujourd'hui Reine des Belges, c'était la première fois qu'elle allait se séparer d'un de ses enfants bien aimés, puis ce sacrifice n'était que le commencement de ceux qui allaient le suivre. „Ma pauvre Louise, sera-t-elle heureuse hors de la France et de la maison paternelle? Mais la distance de Paris à Bruxelles est bientôt franchie", se disait la Reine, „si elle était malade, je pourrais être dans peu de tems auprès d'elle, chère enfant, quel changement pour elle!"

Puis il fallait se séparer aussi de la princesse Marie, de la princesse Clémentine, les princes allaient au combat pour partager la gloire et les périls de nos vaillantes troupes, des fanatiques tiraient souvent sur le Roi! Mon Dieu, quelle vie j'ai vu passer à cette excellente mère!

Madame Adélaïde, quoique très-affectionnée à ses neveux et nièces, prenait plus tôt son parti de ces utiles ou indispensables séparations, et je crois que la piété seule soutenait la Reine dans ces continuelles chagrins. Aussitôt l'annonce du prochain accouchement de la Reine des Belges, vite S. M. se mettait en route, pour être son auguste et prévoyante garde malade, et le royal nouveau né recevait ainsi les premiers soins en ce monde de la plus angélique bonté. Le trousseau des filles du Roi, les layettes de ses petits fils devenaient pour la Reine des occasions heureuses de penser à tout ce qui est nécessaire pour les compléter. Il n'est sortes de précautions, d'attentions dont S. M. ne se soit préoccupée en ces circonstances. Les pauvres n'étaient pas les derniers à recevoir des largesses, des adoucissements pour attirer leurs prières sur ces unions, ces naissances, et combien aussi les pétitions des faubourgs, des populeux quartiers, augmentées en grand nombre à ce sujet, faisaient-elles dépenser de sommes considérables à la Reine.

Lors du mariage de la princesse Louise et du duc d'Orléans, des dotations furent demandées, et comme je prévoyais, que les députés refuseraient en grande partie ces sollicitations ou accorderaient avec mauvaise humeur, que ces débats donneraient lieu à de fâcheuses récriminations, je conseillais d'attendre un moment plus favorable, mais les courtisans me firent des querelles les plus vives, des reproches mêmes violents, comme si j'avais voulu leur ôter le pain de la main.

Connaissant personnellement le bon emploi de la fortune des princes, j'eusse été partisan de leur voter un supplément de revenus en raison de leurs mariages, mais dans le doute de l'acceptation de ce voeux je me serais abstenu.

J'avais dans mes papiers la copie du contrat de mariage de Bonaparte avec la veuve Beauharnais. On y lisait: „L'époux reconnaît à sa femme un douaire de quinze cents francs de rente et six mille francs je crois pour ses meubles, argenterie etc."

La dot de Madame la duchesse d'Orléans n'atteignait pas le chiffre de celle de Melle. Laffitte aujourd'hui princesse de la Moskova.

Le mariage de Marie-Amélie avec Louis-Philippe pour se conclure eut bien des difficultés à vaincre, car le Roi de Naples ne se souciait pas de donner sa fille *à un prince exilé et sans aucune espérance, ni fortune*, mais la princesse l'aima et oubliant toute ambition, elle voulut cette union. Qui eût jamais prédit à cette époque que ce proscrit offrirait un jour à sa femme la plus brillante couronne du monde.

Les mariages des ducs de Nemours du prince de Joinville et du duc d'Aumale paraissent heureux et déjà le Roi compte de nombreux petits fils. La mort de la princesse Marie à la suite d'une couche a commencé à répandre le deuil dans cette royale famille et ce fut pour la Reine un coup terrible, lorsqu'on ramena de Marseille le corps de cette fille adorée. Une couronne de fleurs fut déposée sur son cercueil et conservée religieusement de cette ville à Paris, et la Reine a voulu placer ce pieux hommage à la chapelle du palais de Neuilly avec une bien touchante inscription, écrite de sa main.

Puisque nous parlons des mariages des rois, reines et princes, il n'est pas indifférent de dire un mot sur ce qui se passe pour le choix du mari d'Isabelle. Ce n'est nullement son inclination qu'on consulte, le futur époux est tantôt le frère du Roi de Naples, une autre fois un Cobourg, quelques jours le duc de Montpensier, quelques heures un fils d'Eugène, vraiment pour cette jeune Reine, ce ballotage pour lequel sa voix, son opinion, son désir restent étrangers ne peut paraître extrêmement poétique, ni lui promettre de bien heureuses destinées de ménage. La sympathie des caractères, l'attachement, si ce n'est l'amour, occupent le coeur des grands comme celui des autres mortels, et plus d'une couronne de diamants voudrait se changer en celle d'une simple rosière, épousant un homme de son choix, qui l'aime tout bonnement avec sincérité.

Les familles princières ont comme les nôtres leurs bons et mauvais jours, leurs grandeurs et leurs décadences, ainsi en ce moment les princes de Cobourg et les fils d'Eugène Beauharnais, ont la vogue auprès des souverains et souveraines, et si leur fortune continue, ils seront les maris de toutes les jeunes Reines ou grandes princesses. Vous devinez, qu'il en est ainsi après les révolutions et les changements politiques, parcequ'alors c'est l'impuissance, l'obscurité qui provoquent ces alliances faciles, ne faisant ombrage à personne. J'avoue, quoiqu'il en soit, que mon orgueil de Français a été blessé de ne pas voir nos princes et princesses, d'une si parfaite éducation, doués des avantages de la nature, issus d'un sang qui compte tant de Rois, d'Empereurs et d'Impératrices illustres pour ancêtres, ne pas obtenir des alliances souveraines. Napoléon le *parvenu,* comme l'appelaient certains imbéciles, fils d'un petit noble de Corse, n'a eu qu'à choisir parmi les filles d'Empereurs! Il est vrai, que nous avons eu une nouvelle et dure preuve que ce n'est pas la naissance qui donne un grand coeur, de nobles pensées. Cependant ma fierté nationale se trouvait humiliée des dédains des cours étrangères, et je me disais: „Si cela continue, les Monacos finiront par porter la moitié de la couronne de France.

En Turquie les mariages des fils et filles des Sultans ne sont pas non plus toujours assortis mais cela se conçoit, car le grand nombre de femmes que se permettent d'avoir comme épouses légitimes les Empereurs de Constantinople, ne facilite les alliances impériales que bien rarement. Les gendres du Sultan ne sont donc tout simplement que des généraux de son armée.

Depuis quelque tems trois princesses de la plus haute lignée royale, après avoir porté le diadème de souveraine ou de régente n'ont pas dédaigné de prendre pour maris trois hommes de la naissance la plus ordinaire. Cela eût dû rendre certains Empereurs et Rois moins difficiles et surtout plus humbles; car ces dernières alliances assurément étaient loin de donner un nouvel éclat à leurs armes féodales. Nous pourrions parler aussi du mariage du jeune frère d'un Roi, de beaucoup d'autres, mais soyons généreux et bornons nous à ces citations.

La Reine Pomaré dont on s'est beaucoup trop occupé n'a pas été plus scrupuleuse dans ses divers mariages. Comme souveraine de sauvages, protégée du pharmacien, consul, missionnaire, spéculateur, droguiste, conseiller intime Pritchard, elle a des droits à notre silence.

Au reste pour conclure nous voyons, que les familles royales plus encore que celles de la bourgeoisie ont leurs petits et grands contrats, leurs petites et grandes faiblesses, leurs belles et modestes alliances.

CHAPITRE IX.

PALAIS, CHATEAUX, GALERIES DE TABLEAUX, CRÉÉS OU EMBELLIS PAR LOUIS-PHILIPPE.

Le duc d'Orléans se plaisait à encourager les artistes remarquables et c'est dans ce but qu'il n'achetait que les tableaux des peintres vivants. Le Palais-Royal surtout réunissait avant 1830 les chefs-d'oeuvres modernes, et tous les jours le prince s'attirait la reconnaissance et la respectueuse affection des artistes les plus distingués de l'époque. Horace Vernet était le peintre préféré du duc d'Orléans pour les batailles, Gudin pour les marines, Allaux, Picot, Hersent pour les tableaux de famille et d'histoire.

Le palais de Neuilly possède aussi de magnifiques tableaux du tems. Cette résidence favorite du Roi est en partie sa création, car l'augmentation de son parc, de ses îles, des constructions charmantes lui ont demandé de nombreuses préoccupations et procuré de véritables jouissances. Il n'est pas souvent facile, on le sait, d'acquérir même à des prix élevés les terrains qui touchent la propriété d'un grand seigneur; ce sont pour les voisins de bonnes occasions d'augmenter leur aisance par le grand prix qu'ils demandent et obtiennent du riche et ambitieux citoyen ou du moins mitoyen-propriétaire. Partout dans ce cas on trouve des meuniers de Sanssouci, mais quelquefois comme Frédéric le Grand on renonce au plaisir de la possession si disputée. Napoléon eut aussi le désir bien raisonnable d'acquérir une petite chaumière bâtie pauvrement en face le pont de Jéna où le palais du Roi de Rome était déjà en construction, et les architectes en prenant leurs alignements, en dessinant les plans avaient négligé de s'occuper de cette bicoque. Cependant elle devenait indispensable et, ainsi que cela arrive toujours, on crut intimider le paysan-propriétaire, en lui disant: „Ta masure est utile à S. M. l'Empereur et Roi, il faut nous la vendre, combien en veux-tu?" „Ah! mes beaux messieurs," répond-il, „il faut que je consulte ma femme, voyez-vous, notre maison est bien commode, bien située malgré son peu d'apparence, et puis nous y tenons beaucoup, cependant pour notre Empereur que ne ferions-nous pas, à demain je vous donnerai ma réponse." Comme on le pense l'heureux ménage se concerte, court chez les voisins, les *savants* de la connaissance et le plus malin lui dit: „N'ayez-pas peur, demandez dix fois plus que la valeur et même allez à *douze mille francs*, on rabattra toujours bien assez." Les architectes sont exacts au rendez-vous et lorsqu'on leur demande cette somme, ils acceptent avec empressement et disent: „C'est bien nous allons en rendre compte au ministre, qui prendra les ordres de S. M., vous pouvez compter que cette affaire est terminée. Les bureaux, on le sait, ne marchent jamais vite et les architectes encore moins, en sorte qu'ils laissèrent le tems au paysan d'aller conter ses espérances de fortune à toute la rue Chaillot, sa plus proche voisine à cette époque. Alors un écrivain public dans le genre de ceux dont nous avons tracé le portrait lui dit: „Imbécile, vous ne savez donc pas, qu'on ne peut se passer de votre maison, que déjà les fondations du palais qui ont coûté plusieurs millions, sont faites, et que pour cent mille francs on ne voudrait pas renoncer à votre maison qui justement se trouve sur leur alignement, et dans tous les cas trop près du palais, pour qu'on puisse la laisser exister; demandez cette somme, vous me donnerez six mille francs, si je vous la fais obtenir; il vous en restera encore quatre-vingt-quatorze mille." Le pauvre homme consulte un autre homme *lettré*, qui lui conseille de demander deux cents mille francs, d'autres bavards moins ambitieux, et plus raisonnables portent le chiffre à trente, quarante à cinquante mille francs, notre propriétaire perd la tête, se croit déjà demi-millionnaire et retourne chez lui l'esprit égaré. L'Empereur qui a trouvé la première demande honnête, dit: *„Qu'on lui donne vingt mille francs.*" „Mais la nuit porte conseil," répond le propriétaire, „cette somme n'est rien pour une maison dans la position de la mienne, pensez donc quelle valeur, touchant un palais de marbre, la demeure d'un Roi, maintenant je ne la donnerai que pour *cent mille francs* et encore dépêchez-vous de conclure, car je changerais peut-être d'avis. Les architectes sont stupéfaits, ne savent comment faire connaître ce résultat de leur imprévoyance, ils craignent le mécontement de l'Empereur, enfin on ne peut cacher cette prétention nouvelle. S. M. gronde en disant: „Accordez de suite cette somme à ce coquin, car il est capable de demander encore le double, en effet ce pauvre homme mal conseillé, lorsqu'on retourne pour signer le contrat qui alloue cent mille francs demande en sus vingt mille francs pour une coiffe à sa femme et les frais de son déménagement." On porte en tremblant cette réponse à l'Empereur, qui répond gravement: „Je ne veux plus acheter cette maison, ce serait encourager le vol, d'ailleurs elle restera comme un enseignement pour mon fils, qui verra que la propriété d'autrui est sacrée."

Peu de tems après l'Empereur quittait à jamais la France, le palais du Roi de Rome était abandonné, et ses fondations détruites. Jamais je ne voyais la célèbre chaumière sans penser à cette anecdote curieuse.

Le Roi étant duc d'Orléans eut à peu près les mêmes difficultés à vaincre pour son parc de Neuilly, et voici un fait dont j'ai été témoin en même tems, qu'un paysan de Lorraine me faisait en petit le même tour. Une vieille dame avait une maison sur l'ancienne route de Neuilly, qui avec son jardin formait un carré assez grand, entouré de murs et rentrant dans l'intérieur du parc royal. Une autre dame possédait quelques arpents juste au milieu de nombreuses parcelles de terrains acquis par Monseigneur pour conduire ses allées, et reporter les grilles d'entrée sur la route des Ternes, ce qui donnait à toute la propriété une grandeur magnifique et régulière, mais après tous les ennuis de la réunion des autres propriétés il fallait absolument ces deux dernières.

Le bon chevalier de Broval et Oudard font les avances les plus gracieuses aux deux vieilles dames. Rien n'est plus comique que les prévenances dont on accable ceux, dont on a besoin, surtout dans ce cas où rien ne peut contraindre la volonté. Mais la vieillesse chez les femmes est aussi entêtée, que la beauté de la jeunesse est séduisante et facile à dompter. C'était tantôt une visite de voisin du chevalier de Broval, demain M^r. Oudard offrait quelques plantes à la plus avare des propriétaires. Mon bon ami, M^r. Labie, notaire de S. A. R., venait savoir des nouvelles de la santé de ces chères dames, en glissant adroitement cette question bien naturelle à un notaire: „Eh bien! où en êtes-vous avec votre vente! Savez-vous, que ce prix est énorme, à votre place je m'empresserais d'accepter!"

L'excellent abbé de Labordère, que j'aimais beaucoup, maire de Neuilly et bien dévoué à

Monseigneur, ne manquait pas d'entrer de tems en tems chez ses ambitieuses administrées, en leur présentant ses hommages, et ses voeux pour la bonne affaire proposée par le domaine de S. A. R. En un mot jamais Impératrice n'avait eu une cour plus assidue, plus adulatrice. La plus vieille recevait des compliments sur la conservation étonnante de sa santé, la plus jeune sur sa spirituelle et aimable conversation, mais le refrain de tous ces discours était toujours: „Comment donc ne vous décidez-vous pas à conclure le marché d'or, qu'on vous propose!"

Enfin l'une des vieilles cède, mais pour cent mille francs, ce qui certainement était trois fois la valeur de sa maison et de son jardin. L'autre tient bon; on la menace de clore son terrain par des murs: „Cela est possible, mais alors vous me livrerez un passage dans votre parc, pour y aller avec une charue et des chevaux." „Certainement, mais vous paierez ce passage!" De discussions en discussions on se lasse des deux côtés et une somme dix fois plus forte, que la valeur réelle lui est comptée. Malgré cela, c'est une conclusion fort heureuse, le duc d'Orléans est enchanté, le voila maître de sept à huit cents arpents, sans enclaves, il règne et gouverne sans ennuyeux voisins, des routes entourent ces propriétés, et comme un Roi absolu il peut bâtir, abattre, dessiner lui-même de magnifiques et grandes allées, là il n'y a pas le contrôle des chambres, des journaux. Depuis qu'il est sur le trône de France peut-être un semblable jour de bonheur et de liberté ne lui a-t-il pas été réservé?

Madame Adélaïde à sa terre de Randan éprouve les mêmes embarras de l'agrandissement. Les Auvergnats sont pour le moins aussi rusés et exigeants que les propriétaires de Neuilly et les nombreux bienfaits de la princesse ne les empêchent pas de demander quinze et vingt fois la valeur des terrains, qui fixent le désir royal. C'est pour eux une loterie, une bonne fortune, au moins ils ne perdent jamais à ce jeu. La morale de tout ceci est, qu'il est bien difficile en France, vu la richesse du pays, de former de grandes propriétés, et au contraire celles qu'on divise ne manquent pas d'amateurs et d'acquéreurs, c'est l'aisance de tous qui l'emporte sur le superflu de quelques-uns, c'est la source de la prospérité de la France, de la moralisation de son peuple que cette immense division du sol.

La formation d'importantes galeries de tableaux modernes n'est pas non plus toujours facile, car ce sont les amours propres, les prétentions de la médiocrité, les sollicitations des protecteurs des peintres, qu'il s'agit de satisfaire et chacun en trouve au moins un dans l'orignal du portrait, qu'il a flatté comme si c'était une princesse à marier. Alors depuis la dame d'honneur jusqu'au très-humble valet de pied, tout le monde de la cour intrigue, se remue pour obtenir pour son artiste une copie, un tableau historique, de saintes pour le musée de Versailles, ou le château de Fontainebleau, pour St. Cloud, Eu ou Neuilly et même Compiègne, qu'on n'oublie pas toujours quoiqu'y allant peu souvent.

J'oubliais les nombreux portraits du Roi destinés aux mairies, aux préfectures, aux tribunaux des départements. C'est encore une source de sollicitations peu amusantes pour M^r. de Montalivet, qui a déjà dans ses attributions les permis de chasses dans les domaines royaux. Le Roi a le goût particulier des arts et personne ne s'y entend mieux. La pensée du musée de Versailles sera peut-être celle qui lui fera le plus d'honneur. Pour l'approuver et la comprendre il n'y a qu'une seule opinion, et en effet c'était l'unique moyen de faire revivre ce palais de Louis XIV, et cette ville, qui depuis 1793 allait chaque jour en dépérissant. Le musée de Versailles aujourd'hui, le Roi le sait bien, contient un grand nombre de peintures médiocres, pour ne pas dire mauvaises, mais peu à peu elles seront renouvelées, c'est la place, le numéro historique qu'elles conservent en attendant mieux. L'entendement de S. M. pour tout ce qui est une affaire de bon goût, de savante observation, d'harmonie des époques, des événements, des personnages de ce vaste et vivant dictionnaire des grandes et nobles actions de la patrie, de ses illustres citoyens, est de la part du Roi une étude constante et que son parfait jugement, la supériorité de son esprit éclairent toujours et rendent excellent. Louis-Philippe, comme je l'ai dit et vu moi-même, travaille sans cesse, la distraction et le plaisir que lui donnent les arts suffisent à son repos, et ce qui pour un homme ordinaire serait une nouvelle fatigue devient pour S. M. un délassement utile. Je l'ai entendu souvent discuter des plans, des projets, je l'ai vu tracer lui-même des fondations, des allées, des chemins, et en vérité, j'admirais la rectitude de son coup d'oeil, le génie de ses remarques, le talent de ses conceptions, et toujours il fallait rendre les armes non pas au prince, mais au plus ingénieux architecte, à ses magnifiques et grandioses propositions. Le Roi comme Napoléon n'aime pas les petites choses, tout ce qu'il fait se ressent d'idées au-dessus de l'ordinaire, et dans le cas où les dépenses entrent en considération elles ne l'arrêtent jamais. Ainsi le Palais-Royal et Neuilly avant 1830 absorbaient une grande partie de ses revenus, aussi ces deux habitations sont-elles maintenant admirables. La galerie des tableaux, qui s'y trouve, vaut une somme très-considérable et ce qui est encore mieux, c'est qu'elle a été pour la peinture de notre tems, le plus noble, le plus précieux encouragement et une source abondante répandant ses bienfaits chez tous les artistes d'un talent recommandable.

Fontainebleau a reçu du Roi depuis 1830 les plus importantes améliorations. La sculpture, la dorure, la peinture ont rivalisé pour donner à ce célèbre palais plus, beaucoup plus que son ancienne splendeur et aujourd'hui, après des sacrifices énormes il est vrai, c'est un séjour digne du plus grand souverain.

Les chateaux d'Eu, de Bizy, d'Amboise, de Pau, quoique de second ordre, sont aussi d'une grande beauté, le premier surtout, et le dernier qui, berceau de Henri IV avait été transformé en abominable prison.

Dans ce château, si rempli de souvenirs français sur la jeunesse du grand Roi, gémissaient entassés et dans la plus affreuse misère des malheureux coupables de toutes les catégories et chose étrange les courtisans de la branche aînée, qui parlaient sans cesse du Béarnais, n'ont jamais pensé à rendre le château de Jeanne d'Albert à une destination moins dégradante. Ce sujet renouvelle mes regrets d'avoir vu convertir le château de St. Germain en prison militaire, et c'est vainement que j'ai imploré pour les souvenirs qui s'y rattachaient contre cette profanation, et je suis étonné, que le Roi ne porte pas sa noble attention sur elle pour la faire cesser. Ne pouvait-on trouver quelques vieux couvents ou monastères pour cet essai pénitentiaire, dont je blâme d'ailleurs de toutes mes forces le système et les conséquences.

On ne peut pas se figurer combien l'entretien de tous ces palais est couteux, ainsi Neuilly seul demande chaque année de trois à quatre cent mille francs de dépenses ordinaires, pour les gardes, les peintures, les jardiniers, les serres, réparations causées par l'élévation de la Seine. Le régisseur de Neuilly, Mr. Aubert, est pourtant d'une grande intelligence, et zélé pour remplir dignement cette fonction de confiance.

Peu de tems avant de mourir mon ami Oudard, intendant du domaine privé a voulu, et j'ai accepté sur l'invitation de la Reine, me faire visiter avec lui les châteaux de Bizy, les usines des forêts de Breteuil et Dreux. Voici quelques mots sur ces propriétés royales. Bizy est un ancien domaine de famille, mais long-tems abandonné il a coûté beaucoup d'argent pour arriver à l'état satisfaisant où il est maintenant. La forêt de Vernon qui en dépend est immense et rapporte un fort beau revenu.

Les forges et la forêt de Breteuil, vendus au Roi par Mr. Laffitte en 1830 ont été payées ce qu'elles valaient dans un tems régulier, il n'est donc pas juste de dire, que le Roi a profité du besoin de son vendeur et des circonstances. C'est au contraire Mr. Laffitte, qui ne perdit pas ce que tout autre acquéreur eût voulu gagner, en traitant d'une semblable affaire en ce moment.

Dreux n'a pas de résidence royale, mais

c'est la dernière demeure des princes de la maison d'Orléans. La chapelle, sous laquelle se trouvent les tombeaux, a été bâtie en plusieurs fois, et son architecture ne me paraît pas d'un très-bon style. Les caveaux, disposés dans l'épaisseur des murs horizontalement, forment des cases ou chaque cercueil est placé, puis refermées par des pierres qui contiennent les inscriptions.

Le Roi désire être conduit à Dreux après sa mort, mais comme souverain de la France St. Denis paraîtrait maintenant devoir contenir les restes de la famille régnante. C'est une question de haute convenance et de tradition historique, que les grands pouvoirs de l'Etat auront à résoudre. Dieu veuille, que ce ne soit pas de long-tems.

L'architecte de cette chapelle m'a conté que Madame la duchesse douairière d'Orléans, mère du Roi, par un sentiment outré de bienveillance, avait voulu que son intendant, M^r. de Folleville, fût inhumé dans le premier caveau, qui conduit à ceux de la famille royale, et qu'une pierre, portant le nom, les qualités de ce serviteur en fermât l'entrée. Ce voeu, exprimé dans le testament de l'auguste protectrice de M^r. de Folleville, a été accompli par les ordres du Roi, mais la pierre de l'inscription fut scellée de manière, à ce que le côté écrit est en dedans du caveau, et par conséquent invisible à tous les visitants. C'est une critique curieuse et adroite de cette volonté injustifiable de Madame la duchesse d'Orléans, c'est remplir un voeu, sans lui laisser l'inconvenient des commentaires historiques de l'avenir.*

* En parlant des portraits du Roi au commencement de ce chapitre, j'ai oublié de dire qu'un fonctionnaire me demandait dernièrement: „*Si le Roi posait lui-même.*"

CHAPITRE X.

SUITE DE L'EXAMEN DE L'HISTOIRE DE DIX ANS.

L'auteur fait une relation intéressante du siége de Constantine, où je perdis deux braves et nobles amis, les généraux Damrémont et Perrégaux, qui étaient, lorsque je formai les écoles, le premier, colonel de la légion de la Côte d'or à Calais, le second, lieutenant-colonel du troisième régiment de la garde à Paris, et dont j'ai conservé l'affectueuse correspondance. Inconcevable destinée! tous deux alliés et anciens aides-de-camp du maréchal duc de Raguse, ils se retrouvent et meurent ensemble devant cette place, à l'instant du triomphe de leurs courageuses troupes.

M^r. L. Blanc parle du jugement de Mademoiselle Grouvelle; j'ai vu cette pauvre dame dans la prison de Montpellier, et en effet, elle m'a paru si agitée que, malgré les bons soins des médecins et de l'administration, son esprit se sera égaré par les chagrins et la détention solitaire. Voilà encore un exemple contre ce régime inhumain d'emprisonnement. Quant au blâme de l'auteur sur l'expulsion du prince **Louis Bonaparte de la Suisse**, je suis tout à fait de son avis, et comme il le dit, le gouvernement Français agissait en dehors de sages limites en l'exigeant. A l'égard de M^r. Gisquet, l'ancien préfet de police, je crois que les actes de sa vie privée ont beaucoup servi les ennemis de sa vie publique, et tout en regrettant ses rapports avec certaines personnes, je ne puis approuver tout le mal, qu'on a dit et écrit sur son compte. Voici un trait, qui le peint sous de moins défavorables couleurs, je m'empresse donc de le rapporter.

A la Révolution de Juillet son prédécesseur, M^r. Mangin, père de huit enfants, sans fortune, quitte la préfecture, en laissant la caisse intacte, il se réfugie chez M^r. Crosnier, chef de la division des prisons. Celui-ci accorde une hospitalité à son préfet malheureux et, pour ainsi dire, proscrit. M^r. Gisquet apprend cet acte de reconnaissance, il fait appeler M^r. Crosnier dans son cabinet, et lui dit: „Je sais, comment vous avez reçu M^r. Mangin, je vous en fait compliment, et désormais vous pouvez compter sur mon estime, et surtout croyez à mon vif intérêt."

Les Emeutes.

Rien n'est plus triste que les émeutes d'une grande capitale, rien n'est plus nuisible à la cause de la liberté. Elles donnent justement aux gouvernements la force, que leur parti perd par l'exagération de ces infructueuses tentatives. En examinant l'histoire des émeutes on voit, que le pouvoir a rarement l'occasion de s'en plaindre, parcequ'alors il peut justifier toutes ses mesures de rigueur, et la masse approuve presque toujours ce qui laisse les boutiques ouvertes, les ateliers en activité, les laitières apporter leur lait le matin.

L'enterrement du général Lamarque fut en effet, comme le dit M^r. L. Blanc, le prétexte d'une sérieuse et déplorable révolte, et en vérité, me reportant à cette triste époque, je dois avouer, que la cour était dans une grande inquiétude, et ce qu'on ne sait peut-être pas assez, c'est que la plupart des gens, ou des habitués du palais, ont dans cette circonstance montré peu de courage. Excepté quelques vieux serviteurs fidèles des antichambres et les aides-de-camp du Roi et des princes, la plupart des autres personnes portaient déjà l'habit bourgeois et désertaient le palais. La Reine, Madame et les jeunes princes et princesses étaient réunis au grand salon, et attendaient, dans la plus vive inquiétude, les nouvelles du théâtre des événements, qui les 5 et 6 Avril eurent un caractère alarmant pour tous les honnêtes gens des diverses opinions. Je me souviens, que j'ai dû à mon ami Dutrône qui, chaque fois que son dévouement pouvait être utile, se mettait à la tête de braves gardes nationaux ou jeunes gens disposés à soutenir la royauté de Juillet, je lui ai dû, dis-je, de pouvoir parvenir auprès de S. M. et de S. A. R.; car toutes les rues et places, entourant le palais, étaient encombrés de soldats, qui intercepteraient toute circulation. Je trouvai cette famille bien tourmentée et dans la ferme résolution de ne pas fuire, quels que fussent les événements.

Une autre fois la Reine lisait ses pétitions comme à l'ordinaire, et me disait: „Monsieur Appert, il faut que le peuple soit très-malheureux sans travail et sans pain, pour se livrer à de tels excès, empressons-nous de le secourir, augmentez vos visites et les distributions en mon nom." Madame Adélaïde exprimait la même sollicitude, en ajoutant: „Vraiment, tout ce qui se passe me navre le coeur, M^r. Appert, ce sont les meneurs qui sont bien coupables, et non les pauvres gens qu'ils égarent et entraînent. Il y a dans tous cela les Carlistes unis aux Républicains, comment voulez-vous qu'ils soient sincères, c'est un accord hypocrite, car le lendemain qu'ils seraient les maîtres, ils recommenceraient leurs intrigues, les uns contre les autres. Comment, le peuple ne comprend-il pas qu'on le trompe! Quant à nous, jamais nous n'aurons la lâcheté de fuir, c'est dans ce palais que nous resterons ou mourrons tous jusqu'au dernier. Mon pauvre frère se donne tant de peine pour mettre d'accord les hommes politiques, pour conserver à la France, à l'Europe une paix si utile à l'avancement et au progrès des sages institutions. Il faut combattre au dehors, se défendre en dedans, vraiment le Roi est le plus malheureux de tous les Français du royaume. Vous savez, vous, qui ne nous quittez pas depuis long-tems, M^r. Appert, quels sont nos sentiments patriotiques, vous savez, si nous voulons la liberté avec bonne foi et dans les limites de la nouvelle charte, n'avons-nous donc pas d'aussi puissants intérêt, que toutes les familles au repos à la stabilité, au progrès de notre patrie commune! Notre vie, notre fortune, ne sont-elles pas là pour répondre de nos actes et de nos intentions, vraiment, ceux qui ne voient pas toutes ces préoccupations, sont aveugles et ferment les yeux à la lumière, à la vérité. Mon frère se tue de travail et de soins continuels, pour arriver au développement raisonnable de tout ce qui est juste et bon, sa santé s'altère sensiblement, et on ne nous sait gré de rien. C'est décourageant, Mr. Appert, en vérité!"

Dans ces conversations privées, S. A. R., j'en suis convaincu, était de la plus grande sincérité, et son émotion, cette confiance qu'elle daignait m'accorder, m'impressionnaient bien vivement.

En effet je le demande aux personnes sensées, à Mr. L. Blanc lui-même, comment donc le gouvernement pouvait-il se défendre contre ses ennemis, prenant tantôt le drapeau blanc de Henri V, tantôt celui de sang de la République, et avant de tirer sur les révoltés, je le sais de gens eux-mêmes, que j'ai vus et secourus dans les prisons; l'autorité, n'avait-elle pas épuisé toutes les tentatives de la douceur, de la persuasion! Sans doute, il est toujours malheureux de se battre dans son pays, les uns contre les autres, mais parcequ'on est gouvernement doit-on tendre le dos, se laisser tuer et ne rien dire, doit-on abdiquer les obligations imposées par le pouvoir, mais le lendemain toute la Nation pousserait un cri d'indignation contre cette impuissance de réprimer des troubles, qui arrêtent le commerce, ôtent le travail aux ouvriers, font partir les étrangers et laissent toutes les affaires dans une inaction mortelle pour le pays, réjouissante pour ses ennemis.

Le Roi, les ducs d'Orléans, de Nemours et le prince de Joinville ont plus d'une fois risqué témérairement leur vie, en se rendant dans les petites rues étroites, où se trouvaient les insurgés, et plus d'une balle, pour ne pas les atteindre, a été détournée par la providence, veillant sur leurs personnes, lorsqu'ils les abandonnaient au hasard si dangereux de semblables combats. J'étais un jour près de la Reine, lorsqu'ils partirent pour une de ces visites, et je n'oublierai jamais les craintes et la douleur de S. M., et certainement il lui fallait une âme bien grande, une confiance en Dieu sans limites pour laisser s'éloigner ces princes objets de sa tendresse si affectueuse, si dévouée.

Peu de jours après l'enterrement du général Lamarque j'appris, qu'ainsi que cela était arrivé à Bichat, on avait séparé sa tête du corps pour la prendre et en substituer une autre dans son cercueil, auquel cependant on rendait de si grands honneurs. La tête du général Lamarque a été apporté chez moi un soir, que je présidais la société phrénologique et j'ai eu peine à contenir ma désapprobation sur cette profanation des restes du populaire, député. Je pense, qu'on pourrait se borner à faire mouler en platre la tête des hommes célèbres pour en conserver l'exacte forme cérébrale. Il n'est pas convenable de mettre dans une collection phrénologique, d'exposer ainsi des restes humains, il y a quelque chose qui blesse, si ce n'est le respect dû aux morts, c'est au moins le souvenir et l'attachement de leurs familles.

Ce qui est plus mal encore, c'est la substitution d'une autre tête dans le cercueil, car on détruit ainsi toute la poésie qui s'attache au mausolée, aux regrets, au désir d'honorer la personne qui nous fut chère pendant sa vie.

Ce qui eut lieu, pour le général Lamarque s'est renouvelé souvent à l'insue des familles et plus d'une fois un médecin, après avoir séparé la tête du tronc d'un mort illustre, a dû sur les vives exigences des parents, se contenter d'en prendre le moule. Gall a voulu donner sa tête à la phrénologie, et Vidocq m'a fait présent de la sienne, s'il meurt avant moi. Revenons aux révoltes et troubles.

M'. L. Blanc dit, que le général Lafayette dans les dernières émeutes s'était déclaré Républicain, mais cela ne veut pas dire sans doute qu'il conspirait pour ronverser le Roi Louis-Philippe, et j'ai de bonnes raisons de croire qu'il n'eût pas manqué à son serment de député, et d'ailleurs cela est si vrai qu'à l'époque dont il s'agit le parti extrême ne le trouvait plus digne de marcher à sa tête, on le blâmait, l'accusait même souvent, et sa popularité n'avait pu résister aux exagérations dont on voulait le faire le drapeau.

Je déplore plus que personne le sang versé lors des révoltes et des émeutes, je blâme certaines mesures de la police, mais dans ces moments d'effervescence je demande, qui garde son sansfroid et toute la présence d'esprit qui seraient nécessaires. Il ne faut pas détruire, renverser sans savoir avant ce qu'on pourra édifier pour remplacer, il ne faut pas déménager comme ce monsieur, qui, n'ayant pas un autre logement, allait de porte en porte avec la charette traînant ses meubles, solliciter un asile, car on court risque d'accepter un pis-aller et d'être plus mal qu'avant la destruction ou le changement.

Je demande aussi, ce qui serait arrivé si les révoltés de St. Méry, de la rue Transnonain, de la place de la Bastille, de St. Germain l'Auxerrois, de la place de la Bourse, du Palais-Royal eussent réussi, je demande où était l'homme capable d'être président de la République, je demande comment les Carlistes se seraient arrangés avec les vainqueurs. Je demande ce que faisaient Henri V, la Vendée, les puissances étrangères, les Orléans, la garde nationale, l'armée, la bourgeoisie, l'industrie, la banque, le commerce et pendant ces débats, ces discussions, qui nourrissait le peuple sans travail. Pour moi, vivant alors au milieu des grands, des bourgeois et du peuple, j'affirme qu'un semblable triomphe ne pouvait être que de courte durée et plonger de nouveau la France dans les plus irréparables malheurs.

J'ai vu dans les prisons MM^{rs}. Raspail,

Bonniat, Considérant, Jeanne, Desirabode, Blanqui, Rossignol etc., et tout en rendant justice à la pureté de leurs sentiments aucun d'eux ne me paraissait assurément capable de diriger vingt-quatre heures les affaires du pays. Il est facile de se dire Républicain, mais pour établir un gouvernement sur cette base, le désinteressement, la vertu, l'amour de la patrie sont indispensables. Trouvez donc, Messieurs les réformateurs, ces rares qualités parmi ceux que vous voulez mettre à la tête pour appliquer vos doctrines sociales et je m'incline en faveur de vos idées. D'ici là permettez-moi de préférer l'ordre, la monarchie constitutionnelle, l'exécution franche de la charte et des lois à ce que je nomme franchement les rêves d'esprits et de coeurs généreux.

Mort du Roi de Rome.

Les hommes dont la naissance, la vie, les grandeurs paraissent promettre la plus brillante carrière finissent souvent au milieu des plus tristes événements, des plus fâcheuses circonstances, il semble que l'orgueil entier du génie humain doit subir cette humiliation de son impuissance, contre les volontés de Dieu. Est-ce donc pour donner cet imposant exemple que le fils de Napoléon dont nous avons vu les premiers jours si grands meurt dans l'exil, à la fleur de l'âge, et termine en même tems des destinées que la fortune la plus élevée enviait, que le pouvoir des vieilles races royales craignait, que le monde regardait avec admiration!

Ce prince Français, privé des embrassements de son illustre père, des tendresses d'une mère dévouée et aimante, était livré, abandonné, à des conseils, aux leçons, à la garde d'étrangers, à de froids Autrichiens, surveillants sévères et monotones de cette noble et infortunée existence. Là pas un ami, pas une consolation, c'était l'emprisonnement solitaire plus l'éloignement de la patrie, de la famille, et la privation de toute heureuse sensation pour le coeur! Napoléon II sachant l'Empereur à Ste. Hélène, connaissant malgré tout ce qu'on faisait pour le lui cacher, quel trône lui paraissait destiné, de quel peuple il devait être le souverain, quelle patrie était la sienne, pouvait-il vivre duc de Reichstadt, proscrit, mais alors il n'eût pas compris son sang, la majesté de son nom, l'immortalité de sa race, c'était l'étoile la plus brillante du ciel, qui renonçait à la lumière céleste pour se cacher à jamais dans les ténèbres, c'était l'impossible existant pour la première fois.

On conniat mes motifs particuliers d'amour pour ce jeune Roi sans royaume, il devait être mon maître, et je n'avais pu lui consacrer ma vie dans son exil. Il me semblait que j'eusse détourné les coups de la mort, vaine prétention sans doute, l'heure de sa fin étant marquée à cette horloge dont les aiguilles, filles du tems ne reçoivent le mouvement que d'en haut et sont toujours au-dessus de l'influence et des efforts de l'homme. Nous donnons la vie, mais nous ne pouvons en assigner le terme, c'est le jour, dont nous jouissons qui a toujours sa nuit que rien ne peut arrêter, avancer ou reculer!

Cette mort laissait la maison d'Orléans à l'abri des tentatives impérialistes et c'était pour elle une grande chance de moins à combattre, car dans le peuple le nom de Napoléon était toujours puissant et quoique, j'entendisse les courtisans de la royauté de Juillet, justement ceux qui tenaient tout de l'Empereur, assurer que ce parti n'était pas à craindre, qu'il n'avait pas de crédit sur l'opinion publique, je n'en pensais pas moins que ce prince, franchissant les frontières de la France, se présentant comme son père au retour de l'île d'Elbe devant une garnison militaire, pouvait remuer les sympathies, secouer les coeurs, embraser les esprits et faire éclater des témoignages nombreux d'enthousiasme, d'amour et de courage, qui replaçassent la couronne d'Empereur sur sa tête ! Mais laissons ce rêve, le soleil ne devait pas éclairer des jours aussi mémorables !

Les Saint-Simoniens à Mesnil-Montant.

Pendant mes disgrâces sous la Restauration je demeurais à Mesnil-Montant au N° 59, et j'ai reçu dans cette modeste retraite d'illustres visites, dont mon coeur a gardé un souvenir reconnaissant. Madame la maréchale duchesse de Montébello, le duc son fils, M⁻ˢ. les comtes de St. Aignan, Lanjuinais, pairs de France, de Rémusat et Jaubert, des députés, des généraux, mes excellents amis Oudard, Lamy, Peney, Mahul, etc., m'y donnèrent de bien précieux témoignages d'intérêt et d'affection. J'aimais cette vie des champs, ce repos de la campagne, cette si belle vue qui dominait toute la capitale. En voyant le Panthéon je me reportais à ma chère prison de Montaigu ; le dôme des Tuileries me rappelait l'Empereur, et chaque grand monument produisait ainsi sur mes pensées mille influences diverses ; les jours se passaient paisiblement loin du tracas des cours et de leurs intrigues.

J'avais quitté, malgré moi, pour me conformer aux désirs de M^r. Oudard, qui déjà désirait me rapprocher des princes de la maison d'Orléans, cette si tranquille demeure, et je ne m'attendais pas, qu'elle aurait pour voisins quelque tems après les Saint-Simoniens. Leurs occupations à Mesnil-Montant étaient, comme le dit M^r. L. Blanc, curieuses et intéressantes pour l'observateur impartial. *A chacun, suivant ses capacités et ses oeuvres,* disait la doctrine, en sorte que les membres, qui avaient apporté le plus d'argent, devaient souvent, pour justifier la maxime, être occupés aux plus grossiers ouvrages. Mais dans de semblables associations, qui jugera donc avec impartialité les capacités, pour en faire le classement, quels membres seront assez humbles pour se soumettre au dernier rang, qui sera assigné par le père ou l'examinateur. Comme pour les frères ignorantins y aura-t-il un imbécile sur trois frères, chargé de faire la cuisine, de soigner le ménage, cirer les bottes, veiller aux lessives de la communauté. Mais une autre difficulté se présentera pour l'installation des femmes des associés mariés, où seront-elles logées, comment vivront-elles avec leurs époux, quels soins recevront leurs enfants sous les rapports de l'éducation et de la religion même Saint-Simonienne. Mais pourquoi nous étendre sur les disciples de cette doctrine morte en naissant, pour ainsi dire; tout ce qu'il en reste pour l'enseignement, c'est que la plupart de ses chefs font aujourd'hui partie d'une secte beaucoup plus dangereuse, celle des fonctionnaires à gros appointements, démenti donné au principe: *chacun suivant ses oeuvres.*

Cette inconséquence des Saint-Simoniens n'est pas la seule de notre tems, car ce siècle est essentiellement le triomphe de l'argent, idole chérie, devant laquelle tout s'incline, se soumet, s'abaisse.

Nous terminons enfin l'examen de l'ouvrage de Mr. L. Blanc, en déclarant, que nous avons recherché, comme lui, la vérité historique, et désiré rétablir quelques faits, en rendant justice à ses intentions loyales et généreuses. La continuation, qu'il promet pour achever l'histoire du règne du Roi Louis-Philippe, ne peut manquer d'être fort intéressante, et d'avoir, comme sa première publication, un très-grand nombre de lecteurs.

C'est à Berlin que nous écrivons ces lignes, au centre de l'Allemagne, qui s'occupe beaucoup de notre patrie, de notre littérature, de nos progrès intellectuels, et l'empressement, qu'on met à y publier ou traduire nos ouvrages, me fait augurer, que ce beau pays, si intéressant, si avancé, est pour long-tems l'ami de la France, de sa civilisation, et que désormais les deux peuples comprendront les puissants intérêts, qui doivent les unir et familiariser leurs relations.

CHAPITRE XI.

SOUVENIRS DIVERS.

Dans le commencement de mes rapports avec la maison d'Orléans ce furent MM^{rs}. de Broval et Oudard, qui me donnèrent les plus empressés témoignages d'affection. Puis je connus MM^{rs}. de Violaine, conservateur des fôrets, Guillaume, Basset, Lamy, Asseline et Lassagne des bureaux du domaine privé, du secrétariat de Monseigneur et de Mademoiselle d'Orléans. Je fis connaissance ensuite de MM^{rs}. le baron Fain, le baron de Laistre, Casimir Delavigne, de Gerente, attachés également à la maison.

A l'administration des fôrets deux aimables employés MM^{rs}. Prudhomme et Alexandre Dumas, recevaient souvent ma visite dans leur bureau de la cour des fontaines. Le dernier était fort gai, très-spirituel, mais son chef supérieur, M^r. de Violaine ne le trouvait pas très-assidu aux écritures et cela se conçoit, car déjà le jeune poète se sentait appelé à d'autres travaux que ceux de rédiger des rapports sur les coupes des bois, leurs ventes, leurs aménagements etc. Quelques fois M*r*. de Violaine, vif et forestier dans l'âme ne pouvait s'empêcher de gronder sévèrement cet employé, et de là peut-être le parti pris par celui-ci de choisir une nouvelle direction et de quitter cette vie monotone, régulière, ennuyeuse, *absorbante* des écritures et des calculs de la bureaucratie. J'aimais beaucoup le caractère de M*r*. Dumas et je le défendais toujours, lorsque hors de sa présence MM*rs*. de Broval, Oudard et de Violaine déclaraient ensemble et bien gravement, que ce jeune homme ne ferait jamais un bon et docile forestier. Un beau jour il annonce avoir composé sous le titre de Henri III une pièce pour le théâtre français. Toute l'administration est enchantée, ceux qui l'aiment portent intérêt à son succès, les trois personnes, que je viens de nommer parcequ'elles espèrent, qu'il changera de direction et que les forêts pourront recruter parmi les solliciteurs nombreux de places un meilleur employé. Tout le monde est donc charmé, la pièce de Henri III est reçue, le jour est pris pour sa représentation, Monseigneur le duc d'Orléans et sa famille l'honoreront de leur présence. Nous dînons, Oudard, Lamy et moi avec Alexandre Dumas ce jour-là, nous entrons dans la salle qui est si pleine, que l'auteur lui même parvient difficilement à se placer, enfin le rideau est levé, les acteurs jouent bien, l'effet dramatique est prodigieux, l'intérêt se soutient jusqu'au bout, de vifs applaudissements se font entendre, le triomphe est complet et dès cette soirée un talent s'est révélé; l'avenir lui sourit et le retire à jamais de la triste et régulière administration des forêts. On connaît depuis les succès de Dumas et j'aime à conserver dans mes papiers le manuscrit de sa pièce de Napoléon, qu'il ma donné comme souvenir de son attachement.

Casimir Delavigne était aussi de nos réunions intimes de cet heureux tems, lui et son ami Guillaume Garat, le chanteur, si entraînant, si patriote, si chaleureux rendaient ces dîners de garçons on ne peut plus agréables, M^r. Terrasse, chef de la comptabilité du domaine privé, M^r. Valette, professeur distingué de philosophie, Peney des gardes à pied, le capitaine du troisième de la garde Cartousière, le sous-inspecteur des forêts Boyer, aujourd'hui général aide-de-camp du duc de Nemours, le second auteur

Scribe, le marquis de Strada, chef d'un bureau d'octroi et maintenant premier écuyer du Roi, M^r. Millet, directeur de la poste des bureaux du Roi, formaient notre société de tous les jours et l'on dinait tantôt chez M^r. Valette, tantôt chez moi et tantôt chez Oudard. Ceux qui n'avaient pas comme nous trois leurs petits ménages nous invitaient chez des traiteurs et toujours la plus franche gaîté présidait à ces amicales réunions.

On n'a pas souvent et long-tems de ces jours heureux, les événements politiques, les mariages, la mort, les voyages, les peines, les chagrins frappent souvent pour les anéantir à jamais ces innocentes joies. Le destin est comme un jaloux, qui se plaît à faire souffrir ceux qu'il voit contents de leur sort, il semble, qu'il perd la satisfaction que les autres éprouvent, le destin en un mot est le caprice, la fortune, la misère, la santé, la maladie, la vie et la mort, le bonheur, l'infortune et comme pour une loterie, c'est le hasard qui tire les billets de ces diverses phases de l'existence de l'homme sur lesquels notre nom est tour à tour inscrit.

Pour donner une preuve de tous ces changements de la fortune je vais prendre chacune de ces personnes et nous verrons qu'un souffle de la destinée renverse de suite toutes les prévisions et les espérances de l'homme. La bonté et la puissance de Dieu seules sont stables, il faut donc leur demander avec foi et confiance des bénédictions et grâces qui protégent nos jours tranquilles; car sans elles, comme nous le verrons toujours, c'est le vent qui importe et jette à son gré les heures de douleurs ou de joies dans le plateau de la balance contenant nos peines ou nos plaisirs.

Mr. Oudard après la Révolution de Juillet avait une place, qui pouvait, en comprenant le logement, le chauffage valoir vingt mille francs par an. Il se décide à finir la vie de garçon et se marie avec Mademoiselle Dejeau, apportant au moins deux cent vingt mille francs de dot. Ils ont un petit garçon, les voilà bien heureux, mais la pauvre Madame Oudard ne peut se rétablir de ses couches, elle devient poitrinaire et meurt à peine âgée de vingt et un ans, après quinze mois de mariage. Notre ami qui est fortement constitué, dont la santé a toujours été excellente ressent une souffrance dans la mâchoire. Après plusieurs fluxions, et de grandes douleurs, les os se gâtent, les dents tombent l'une après l'autre, il ne veut pas se laisser opérer et à la suite d'un petit voyage que nous faisons ensemble dans les domaines du Roi, il meurt à Neuilly dans l'habitation du parc qu'il occupait l'été. Pendant sa longue agonie l'auguste Reine Marie-Amélie daigne le visiter souvent et lui porter de ces consolations, qu'elle seule par sa bonté et sa piété peut accorder. Combien ces royales visites soulagèrent le malade et quelle patience elles lui donnèrent pour supporter les dernières souffrances de cette vie! „M^r. Appert, me disait quelques jours avant la mort d'Oudard Sa Majesté, „pensons maintenant à sauver son âme, je prie bien pour lui tous les jours, mais cela ne suffit pas, ne pouvez-vous l'engager à voir un prêtre de son choix, pour qu'il se reconcilie avec Dieu, voyez-vous, nous avons tous besoin dans ces derniers moments de réclamer le pardon de nos fautes au seigneur, pour qu'il nous accorde le bonheur d'entrer dans le séjour des bien heureux."

Pensées sublimes, humilité chrétienne, touchante sollicitude, religieuse préoccupation, venues de si haut, vous êtes en vérité une émanation de Dieu même!

Notre illustre ami Casimir Delavigne, comme tous les hommes supérieurs réunissait la modestie, la grâce, le charme dans toute sa personne.

Rien n'était plus aimable que sa conversation, plus entraînant que la récitation de ses beaux vers. Il n'écrivait qu'après avoir terminé ses pièces, et chacun pouvait lui soumettre les impressions qu'on en ressentait sans craindre de déplaire à l'auteur. La supériorité aime les observations; Molière ne demandait-il pas à sa servante, ce qu'elle augurait de ses immortelles comédies. Casimir Delavigne m'écrivait quelquefois en faveur de pauvres gens, qui demandaient des secours, et ces lettres, que j'ai soigneusement conservées, commençaient toujours par les mots: „Monsieur et ami", et se terminaient par ceux-ci: „Je vous embrasse de tout mon coeur", style simple et affectueux du tems où la bonhomie et la franche amitié n'était pas comme aujourd'hui dans l'oubli, pour laisser la froide diplomatie et l'indifférence présider même aux relations amicales.

Un jour que la Quotidienne m'avait vivement attaqué en dénaturant comme toujours mes intentions, j'en témoignais mes regrets, lorsque Casimir Delavigne me dit: „Mon ami, si vous voulez arriver au bien que vous méditez pour vos pauvres prisonniers, marchez avec assurance devant vous, ne regardez ni à droite, ni à gauche, car vous ne pourriez jamais atteindre votre but." J'ai suivi ce conseil, mais Dieu merci, on ne m'a pas épargné sur les deux côtés de ma route et comme un condamné aux verges, j'ai bien souvent reçu des coups, des injures, des calomnies sur mon passage.

M:. Guillaume, notre ami, et surtout celui de Casimir Delavigne et de ses excellents frères, qui étaient souvent de nos petits comités, comme le célèbre poète est mort bien jeune; il semblait que ces deux âmes élevées, généreuses ne pouvaient se séparer pour long-tems. De tels hommes sont bien rares et finissent toujours plutôt, que ces imbéciles dont la société est peuplée avec abondance, surtout dans le monde qu'on appelle *comme il faut*.

Le capitaine Peney, trésorier des gardes à pied du Roi, était le plus excellent des hommes; aussi le duc de Mortemart, commandant de cette magnifique compagnie, en faisait-il un grand cas. Peney à la Révolution de Juillet avait sauvé et remis entre les mains de l'autorité la caisse des gardes, et malgré cet acte de probité, il ne fut pas replacé de suite et mourut peu de tems après la Révolution de Juillet. Au mois d'Octobre 1830 il commençait à souffrir de la poitrine, je l'engage à venir avec moi à mes vendanges de Grand-Mesnil, il accepte, nous partons dans ma voiture en poste avec mon valet de chambre, nous arrivons dans la nuit du lendemain et il se couche. A huit heures du matin, il me fait une petite visite, dit, qu'il a le désir de voir mes vignes et qu'en entendant sonner le déjeûner il reviendra; à dix heures on le cherche pour se mettre à table, sans parvenir à le découvrir, je suis dans une grande inquiétude, mais un postillon de Laye m'apporte un mot dont voici les termes: „Mon cher ami, j'ai rêvé cette nuit, que des voleurs s'étaient introduits dans mon appartement, marché St. Honoré, où j'ai caché une assez forte somme en or, je trouve une place dans la diligence pour Paris et j'en profite pour aller bien vite me rassurer sur mon petit trésor, soyez sans inquiétude, et excusez-moi." Les maladies de poitrine, qui nous laissent jusqu'au dernier moment toute notre tête, et les illusions d'une prochaine guérison, ne permettent à la mort de ne nous enlever qu'accompagné de l'espérance, et c'est un grand bienfait de la providence, de nous déguiser une fin que la jeunesse même ne peut retarder, c'est la fleur du printems qu'une gelée de la nuit condamne à mourir, sans avoir eu le tems de souffrir du froid. Notre bon ami Guillaume a été frappé aussi et bien vite comme Peney, et comme lui aussi a fait jusqu'au dernier jour des projets de voyage."

M^r. Terrasse est mort également d'une affection de poitrine. Lorsqu'on récapitule les amis que l'on perd chaque dix années, malgré soi la tristesse gagne le coeur, et vraiment au bout de trente ou quarante ans, ainsi que cela m'arrive aujourd'hui, la vie devient une suite de rapports avec des personnes étrangères à notre enfance; les camarades de colléges, de notre adolescence, nos vieux parens, leurs connaissances qui charmaient nos premières années, tout a disparu. Pour moi, en cet instant privé de tous ces êtres chers à mon coeur, vivant loin de ma patrie, j'ai la plus entière solitude pour compagne fidèle, et combien de soupirs, de tristes pensées, de regrets inutiles assiégent-ils mon esprit, sans trouver un écho consolateur et sympathique!

Je ne sais où est maintenant le capitaine Cartousière. M^r. Millet avait souvent la goutte et la prétention d'être du même âge que nous autres, parceque, comme nous, il était né dans le siècle dernier, mais en plaisantant je lui répondis un jour: „C'est vrai, mais vous êtes du commencement et nous de la fin." Il ne m'a jamais pardonné ce mot, et nos relations sont devenus presque froides. M^r. Valette, le philosophe doit bien se porter, car la science ne vieillit pas.

M^r. Lamy est sans doute toujours exact, intrépide chasseur, bon mari, bon époux; ces vertus, on le sait, sont les qualités, qui remplacent les passions brûlantes des jeunes gens, habitant Paris, et comme il n'y a plus de choléra, que le jardin des plantes garde soigneusement ses serpents, j'espère que ce bon et ancien ami vit heureux sans peur et sans croix d'honneur au Palais-Royal, dont il est, je crois, maintenant le doyen et le plus fidèle habitant.

M^r. Boyer, aide-de-camp du duc de Nemours, général en faveur et méritant bien toute l'affection que lui porte la famille royale est toujours dans les grandeurs, mais il n'en aura pas moins, j'espère, conservé une louable loyauté, un coeur généreux et sincère.

MM^{rs}. de Violaine, conservateur des forêts, Jamet trésorier, le si respectable comte de Canouville, l'abbé de Labordère, l'amiral Villaumez, le fidèle chevalier de Broval, le baron de Laistre, Badouix, Mme. de Malet, M^r. Oudard, Guillaume, serviteurs ou amis de la famille d'Orléans, sont morts bien vite et très-peu de tems après la princesse Marie et le prince royal étaient enlevés cruellement et comme par la foudre à la tendresse de leur bien aimés parens. Dans les mêmes années, pour ainsi dire, je perdais d'une manière aussi inattendue MMʳˢ. Rieusec, Cazalot, les généraux Damrémont, Perrégaux, Etienne, Carbonnet, Ternaux, de St. Léger, etc., et à mon âge on ne fait que des connaissances sans jamais remplacer ses amis. C'est un triste avertissement de cette destruction, à laquelle nul de nous ne saurait se soustraire. C'est le prélude de cet éternel isolement de la mort, de ce repos de notre dernier asile, de cette séparation sans fin de tous les êtres, qui furent notre joie, notre amour, notre vie! C'est le moment de reporter vers Dieu seul nos espérances, nos inspirations, nos pensées, car désormais de ces sentiments dépend la tranquillité du peu de jours, qui nous restent pour nous abandonner entièrement aux consolations de la grâce et de l'esprit saint.

La faiblesse humaine dominant encore malgré moi mon coeur, je ne puis songer à toutes ces pertes, sans laisser échapper des soupirs de regrets, cet isolement sur une terre étrangère surtout me fait penser aussi aux infortunes de tous genres, qui sont venues ajouter à tant de peines de si vives douleurs, de si poignantes préoccupations, mais puisque ces doléances ne peuvent rien changer à ce triste passé, ni au présent, remettons notre avenir entre les mains de Dieu et ne désespérons pas, qu'il nous vienne en aide. Reprenons maintenant le cours de ces souvenirs.

Lorsque M^r. de Balzac demeurait rue de Cassini, il m'engageait souvent à dîner avec notre ami Borget, dont le voyage en Chine a révélé le talent. L'appartement du célèbre romancier était meublé avec une recherche minutieuse, son argenterie, le linge de sa table, ses tapis mêmes étaient marqués de ses armes et de son chiffre. Ses domestiques avaient une belle livrée, et lui un costume blanc de moine, qui lui donnait la physionomie d'un gai et spirituel supérieur de couvent. Le menu de ces dîners recherchés et très-*confortables* avait un cachet de bon goût et de distinction. L'esprit de Monsieur de Balzac est vif, brillant, original et fort amusant. Je me souviendrai toujours de ses bonnes petites réunions intimes.

Par opposition à la prodigalité de M^r. de Balzac, je dirai un mot d'un fort honorable notaire de province, qui m'invita à dîner un jour, en ajoutant la phrase banale: „Venez à l'heure fixe, nous dînons tête à tête sans la moindre cérémonie." Je suis exact au rendez-vous, j'avais très-faim, ayant marché toute la matinée pour visiter les prisons, les hospices, les écoles de cette ville. On sert une soupe grasse, un petit morceau de boeuf, j'en mange modérément, comptant au moins sur un plat de légumes ou sur l'omelette sentimentale, et je ne fus pas peu surpris, lorsque je vis que le second service et le dessert se composaient *d'une pomme crue* pour nous deux. J'avoue que, sans aimer le luxe de la table, j'aurais cependant été charmé de pouvoir rassasier mon appétit avec une seconde ration de boeuf ou un morceau de fromage. Cet économe notaire me dit cependant: „Vous voyez, mon cher Monsieur Appert, que je vous reçois en ami;" j'avais grande envie de lui demander, ce qu'il pourrait donner de moins à son plus cruel ennemi.

Les diners de province tombent en général dans le défaut contraire, et voici un exemple, que tout le monde n'est pas comme mon honnête notaire.

J'étais pour quelques jours à la campagne de M^r. Etienne, au village St. Martin près Sorcy (Meuse). Un banquier de commerce, Mʳ. Picot-Lemay, vient nous inviter à dîner; on ne peut refuser un voisin électeur important et remuant, à cette époque surtout (1826), où le gouvernement s'occupait de fausser les élections des départements. Nous sommes au moins vingt-cinq à table, sans compter la maîtresse de la maison (qui toujours en Lorraine n'est que la première cuisinière, les jours de nombreuses réunions, et qui ose à peine venir, après avoir été mettre son bonnet à rubans roses, sa robe bleue de ciel, prendre le café avec la société, qui cependant depuis plusieurs jours lui donne tant de soucis, d'embarras et de peines). On sert une énorme soupière de porcelaine-fayence à fleurs rouges, à laquelle une armée de plats, qui se pressent les uns près les autres, de manière à laisser à peine de place aux assiettes des convives, sert d'escorte. Le maître de la maison refuse de comprendre, que l'estomac ne peut pas s'élargir en proportion de cette foule de mets, et chaque fois qu'il offre une nouvelle production du pays, de sa chasse, de sa pêche, si l'on n'accepte, la réponse est toujours la même et aussi embarrassante: „Mais, Monsieur, la cuisine de ma femme ne vous plaît donc pas; allons, buvons un coup de plus et cela marchera mieux!" On reste à table pendant six mortelles heures, enfin le dessert est apporté, et je compte quatre-vingt quinze assiettes de gâteaux, dragées, confitures, friandises, jugez alors si, comme le désirent M^r. et Mme. Picot, on mangeait de tout, dans quel état on serait. J'aurais bien voulu avoir près de moi mon notaire de V....

Il y a dans nos provinces, comme à Berlin, une habitude peu convenable, qui consiste pour certaines gens à mettre dans leurs poches le dessert qu'ils ne peuvent manger, ayant eu le soin d'en prendre dans cette espérance une assez forte portion, comme certains voyageurs à table d'hôte. J'ai vu mille fois des personnes, paraissant assez comme il faut, remplir de vrais sacs; en vérité j'étais honteux pour elles.

Les dîners des cours ou des grands ne sont plus comme autrefois des occasions d'indigestions, on boit beaucoup moins, et souvent même on ne sert plus que de l'eau, ce qui me paraît une extrême et regrettable économie.

Chez le Roi Louis-Philippe la table royale est toujours parfaitement servie, les vins délicieux et vieux d'une excellente qualité. Le Roi ne mange ordinairement que le potage et une forte tranche de filet de boeuf rôti; il s'occupe très-bourgeoisement des convives, et en général ces dîners sont fort agréables et offerts par LL. MM. avec grâce et bonhomie.

C'est une espèce de talent que de bien recevoir chez soi, et d'avoir le tact d'assortir convenablement ses convives, car souvent on dépense beaucoup, on prend bien des soins et de la peine sans réussir à donner de charme, de la vie, de la gaîté à ces réunions. J'ai connu à Paris une dame fort riche, qui donnait de brillantes soirées, de beaux dîners et chez laquelle on s'ennuyait toujours. Elle invitait le même jour pour dîner des personnes honorables sans doute, mais dont les caractères, l'âge, la position sociale ou politique étaient autant de motifs d'éloignement, de froideur, de sécheresse. Chez moi, je tâchais toujours de choisir les amis ayant un penchant les uns pour les autres, ainsi j'avais le même jour le rieur et si gai maire de Neuilly, Mr. Labie, mon notaire Mr. Ancelle, Madame Laurent, dont le talent comme peintre de porcelaine est si remarquable, son mari, mon camarade d'enfance, la bonne dame Davelouis et leur si aimables familles. Alors, excepté quand avec intention j'excitais Mr. Labie à parler politique avec M^r. Ancelle, ce qui faisait élever un véritable orage, nous passions dans ma bien aimée et regrettée villa les plus séduisants instants. —

En province, au moment des élections, les réunions ou dîners ne sont pas dénués d'intérêt, on voit là les passions politiques se développer, et je me souviens que sous ce rapport les dîners de M^r. Trousset, propriétaire, du bon docteur Vigneron de Toul me plaisaient beaucoup. Les deux plus agités adversaires étaient le docteur Banael et M^r. Didelot, et quelquefois la discussion devenait pour le moment si vive, si chaude, si passionnée, qu'on eût dit qu'un duel à mort pouvait seul rétablir la paix entre les deux champions.

Dans mes voyages j'aimais à étudier les moeurs politiques, et pendant le tems, où M^r. de Corbière s'opposait avec le plus aveugle acharnement à mes visites des prisons, c'était un motif qui me valait certainement les trois quarts des bienveillantes réceptions, dont on me comblait sur toute ma route, dans tous les départements. L'opposition, quand le gouvernement a tort et qu'il ne marche pas avec les idées nationales, est heureuse de profiter de toutes les occasions pour blâmer la marche des affaires du pays; il semble, et ce n'est pas sans fondement, que l'expression de son intérêt pour ceux, qui partagent et défendent ces mêmes doctrines, est une utile protestation et une sorte de résistance honorable et loyale.

J'allai plusieurs fois chez l'estimable M^r. de Violaine, frère du conservateur des forêts du duc d'Orléans, à Prémonté, où divers personnages historiques se trouvaient en même tems. J'y vis le bon vieux général Pille, ancien ministre de la guerre, Madame Collot, nièce du comte Chaptal, ses deux filles, aujourd'hui Mesdames de St. Aignan et de Vaudreuil, la fille unique du général Morceau, le colonel Desfossés, père de Mme. Odilon Barrot, M^r. Collard de Villers-Hellon, père de MM^{mes}. de Martens, Garat et Capelle, le respectable colonel, mari de cette dernière dame, heureusement mort avant le procès si tristement célèbre de sa fille, Mme. Lafarge. Je me souviens de la jeune Capelle, de l'avoir fait sauter sur mes genoux, je remarquai son cerveau développé, son esprit subtil et si prématurément intelligent, vif et malin. Officier distingué d'artillerie, attaché à l'école de la Fère, sous les ordres du général Levavasseur (qui m'avait appelé en cette ville, en 1817, pour organiser son école régimentaire), le colonel Capelle réunissait à la plus solide instruction les manières les plus affectueuses, sa fille, la petite Marie, était son idole. Pauvre père, qui aurait pu lui prédire une semblable destinée pour cette enfant si chère à son coeur!

A Grand-Mesnil, ma campagne de Lorraine, je recevais beaucoup de visites, parmi elles se trouvaient M^r. Mesny de Chauloy, homme qui a conservé, malgré ses soixante-dix ans, que rien en sa personne ne rappelle, l'esprit le plus jeune, le plus affectueux, et les habitudes, qu'on retrouve si rarement et avec tant de plaisir à la campagne, le fils du peintre Prud-hom, un lieutenant de dragons M^r. Morisse, le docteur du même régiment M^r. Baudens et le jeune Vergé de Toul, étudiant. Ces trois aimables visiteurs de mon ermitage sont devenus célèbres par leur belle et noble conduite en Afrique, et aujourd'hui M^r. Morisse est au moins colonel, M^r. Vergé, qui s'est adonné à l'étude de la langue arabe, est chef d'escadron de la plus belle espérance, M^r. Baudens, médecin en chef du Gros-Callou et de M^r. le duc de Nemours, est sur les rangs pour arriver à la chambre des députés aux prochaines élections.

En parlant de mes connaissances de voyages ou de provinces, je ne dois pas oublier Mr. le cardinal archevêque d'Aix, prélat aussi simple que modeste, aussi tolérant et charitable que Mr. de Cheverus, qui a laissé dans toute la France un nom vénéré, MM{rs}. les premiers présidents Pataille, de Gougal, le recteur Cottard. J'ai déjà nommé mes camarades de jeunesse, auxquels il faut ajouter MM{rs}. Constant de Feu, les frères Baltard, Nourrigat, architectes, Isidore Desrue, propriétaire, Foller, manufacturier de maroquins à Choisy, Camille Roqueplain, aujourd'hui l'un de nos premiers peintres modernes ; le caractère d'un artiste dès sa jeunesse, de l'esprit, une repartie vive et spirituelle, une grande facilité pour apprendre, une gaîté toujours aimable, des rapports affectueux en faisaient le plus gracieux camarade.

Constant de Feu et Nourrigat, élèves de l'école impériale de dessin, dont j'étais, ainsi qu'on l'a vu, *le remuant* sous-professeur, avaient une conduite tellement turbulente, que notre directeur, Mr. Perrin, les renvoya *à perpétuité*. Le premier de ces deux camarades remporta le grand prix d'architecture à l'école des beaux arts, et fut envoyé à Rome. Il est revenu à Paris extrêmement capable, et aujourd'hui est professeur à cette même institution, occupant la place de notre ancien maître; H. Garnier, a quitté la peinture pour la gravure, et c'est en ce moment l'un des artistes les plus distingués de notre patrie. L'aîné des frères Gauchier, excellent garçon, obligeant et dévoué ami, n'a pas été heureux dans les affaires. Son frère Eugène, rempli d'excellentes qualités, eut le malheur d'entrer chez un agent de change, et après avoir fait quelques spéculations à la bourse, il réalisa un jour près d'un million. Mais comme cela arrive toujours aux joueurs, les habitudes de luxe, de dépenses, des plaisirs coûteux suivirent les progrès de la fortune, et ce jeune et si excellent ami, autrefois simple et modeste ne pouvait vivre, disait-il, sans un appartement richement meublé, des voitures, des chevaux, sans loges à l'opéra et aux Italiens, sans donner des fêtes, des soupers, enfin il lui fallait quarante à cinquante mille francs pour ses dépenses de l'année. Il venait quelquefois, et j'en étais bien enchanté me demander à dîner, et la dernière fois, qu'il avait renoncé pour me visiter, à son entourage si dissipé, je ne sais quelle secrète inspiration me fit lui dire: „Mon cher Eugène, la bourse est bien capricieuse et souvent perfide, sans l'or, dont elle se couvre à tes yeux, tu la verrais bien hideuse, bien immorale; à ta place, je me contenterais de m'assurer quarante mille livres de rentes, je n'y remettrais jamais les pieds, et j'arrangerais mon train de vie pour ne dépenser que vingt cinq mille francs, j'économiserais chaque année quinze mille francs, et chercherais à me marier avec une personne simple et ayant des goûts modestes et raisonnables."

„Mon cher Appert," me répondit Eugène, „tu as raison, je le sais, mais il me serait impossible maintenant de renoncer à mon genre de vie. Il faudrait abandonner mes maîtresses, mes chevaux, et le *confortable* de mon intérieur, cela n'est pas en mon pouvoir, mes plaisirs, vois-tu, sont indispensables à mon existence, sans eux j'aime mieux la mort."

Peu de tems après une mauvaise chance était venue pendant tout un mois renverser les espérances de ce cher Eugène, il était honnête homme, vendit tout ce qui était à lui, paya, et se brûla la cervelle.

Je ne puis dire combien cette fin tragique me fut douloureuse et quelle force elle vint ajouter à ma conviction contre les jeux en général et contre les hasards des bourses en particulier. Je l'ai déjà écrit quelque part, les fortunes, pour être durables et morales, doivent s'acquérir par les économies du travail. C'est toujours un grand malheur, lorsque le peuple voit le hasard enrichir beaucoup plus vite que la conduite régulière et l'ordre; les gouvernements ne sauraient trop s'occuper de détruire cette lèpre des sociétés actuelles. L'argent attrapé plutôt que gagné à son prochain, est la source de toutes les mauvaises passions, il empêche la prévoyance, l'assiduité, la régularité de la vie. Il habitue à se réjouir de bénéfices souvent illégaux, puisque ceux qui savent d'avance les nouvelles dont l'influence sur les cours sera la hausse ou la baisse, comme des parieurs de mauvaise foi jouent à coup sûr. Combien de grandes fortunes mal gagnées, perdues tour à tour et conduisant à la fin à toutes les infortunes, et souvent au déshonneur, au suicide. Ce que l'homme acquiert sans difficultés, sans peines se risque et se perd de même, c'est l'imprévu qui fait naître l'imprévoyance, la chance du hasard, et l'espèce de passion égoiste qui consiste à prendre au voisin sa fortune, pour se donner des jouissances dont le résultat est toujours une illusion trompeuse ou infidèle. Il faut, pour que l'augmentation de la richesse soit utile et morale dans les familles, que son origine puisse toujours s'avouer sans rougir et se présenter noblement à l'émulation de tous.

CHAPITRE XII.

RELATIONS ÉTRANGÈRES.

Dès 1816 à Lille, j'eus l'honneur de connaître les grands ducs Nicolas et Michel de Russie, le prince de Hesse, les généraux anglais de Colleville (commandant la place de Valenciennes, qu'on disait l'un des bâtards du Roi Georges III), et les armées étrangères dans les environs de Douai. Le grand-duc Nicolas beau cavalier, d'une figure régulière, ayant un regard bienveillant, l'esprit éclairé et gracieux est aujourd'hui Empereur de toutes les Russies.

Son frère, le grand duc Michel, aussi d'une taille élevée, d'une physionomie intéressante et gracieuse me parut bon et aimable, toute sa personne prevenait en faveur.

L'Empereur Don Pédro, que j'ai vu plusieurs fois à la cour du Roi Louis-Philippe, avait de beaux grands yeux, un air martial et décidé. Son langage franc et simple, ses idées progressives, son désir de marcher avec son siècle, d'avoir un nom honoré dans l'histoire, ses préférences pour les mœurs françaises et sagement libérales le rendaient extrêmement intéressant à voir et à entendre.

Sa femme l'Impératrice du Brésil, que des liens puissants attachaient à la France, aimait Paris et la cour des Tuileries, où elle était également vue avec le plus grand intérêt et les égards les plus empressés de la part de la Reine et de toute la famille royale.

La Reine Donna Maria, qui règne aujourd'hui en Portugal, est petite et très-grosse; son teint basané, ses grosses joues, ses yeux noirs, sa marche fort ordinaire n'en faisaient pas une Majesté très séduisante. Son caractère paraissait décidé et tenir de celui de son père.

Le Roi Léopold de Belgique, mari de la princesse Louise d'Orléans est grand et mince. Sa figure est régulière, longue et froide. Son regard ferme et quelquefois bienveillant, quoique sérieux. C'est un prince instruit, dont les pensées sont supérieures, libérales et réfléchies. Il est frère de la duchesse de Kent, mère de la Reine Victoria d'Angleterre. La Reine des Belges, dont nous avons déjà parlé, est du plus doux caractère et de la plus louable charité, pieuse et tolérante comme son auguste mère, elle répand ses bienfaits avec une égale abondance sur les malheureux des diverses communions de son royaume. S. M. jeune et jolie, bonne et simple, digne sans fierté, aime à s'occuper de ses mains pour les loteries des pauvres; elle protége les écoles, les arts, les sociétés maternelles et de bienfaisance. Elle est pour la Belgique, ce que la Reine des Français est pour la France, un ange de piété et de miséricorde.

La Reine Christine d'Espagne, d'un tout autre caractère est vive, entreprenante et courageuse, comme sa soeur la duchesse de Berry. Son alliance avec Munoz, aujourd'hui duc et grand seigneur, que je crois avoir connu simple garde à pied du Roi Louis XVIII a été l'objet de sévères et justes critiques, d'autant plus que ce mariage nuisait beaucoup à la cause de la jeune Reine Isabelle. Lorsqu'on veut conserver l'éclat et le prestige des grandeurs royales il faut savoir vivre constamment de manière, à ôter tout prétexte à la calomnie, ou de fâcheuses comparaisons aux partis.

Le Roi Ferdinand, son premier mari est un des princes de l'Europe, qui avec Don Miguel a donné le plus de preuves d'un caractère bas, cruel et vindicatif; voici quelques traits de sa vie.

Nous laissons de côté l'accusation qui paraît fondée d'avoir voulu détrôner son père, en se soumettant à toutes les exigences de Napoléon, mais il est certain, qu'il eut assez peu de coeur pour demander en mariage la parente la plus éloignée de l'Empereur des Français, après que ce conquérant eut placé Joseph sur le trône d'Espagne. On assure même, que ce Roi détrôné a sollicité de son successeur le grand cordon de la Légion d'honneur et qu'à cette époque il eût consenti à épouser la première Française que Napoléon aurait daigné désigner à son choix. Lorsqu'il redevint le maître, l'exil, l'emprisonnement ou au moins l'oubli furent les récompenses de ses serviteurs fidèles; ses professeurs ne trouvèrent pas grâce à ses yeux et c'est ainsi que l'estimable colonel Amoros, son ancien précepteur dut chercher un asile en France. J'ai beaucoup connu cette victime de Ferdinand, lorsqu'il introduisit les exercices gymnastiques dans mon pays et j'ajouterai avec regret, que le gouvernement ne lui a pas épargné les ennuis, les tracasseries.

Le prince royal de Danemark, Roi aujourd'hui, vint à Paris et voulut visiter les prisons, les écoles régimentaires et les établissements de bienfaisance, et j'eus l'honneur, sur sa demande, de le conduire dans ces charitables visites. Ce prince, jeune encore, d'une physionomie intéressante et spirituelle, parlant gracieusement français, était extrêmement poli et aimable. Son esprit cultivé, ses pensées élevées, un désir ardent de faire le bien, le rendaient aussi distingué et noble que Ferdinand était tyran et stupide.

Le prince de Danemark voyait avec un grand intérêt les progrès de l'instruction par l'enseignement mutuel, celle des militaires surtout attirait ses regards et son approbation. Je ne doute pas, que S. A. R. en devenant Roi de Danemark ne se soit empressée d'accorder sa haute protection aux établissements philanthropiques de ses états. J'ai adressé à ce souverain mon *Voyage en Prusse* et je serai bien heureux s'il facilite mon projet de visiter dans le même but les prisons et maisons de charité de son royaume.*

Le prince de Rosseto de Rosnowano, grand maître de la police de Moldavie, venu à Paris dans l'intention d'étudier nos moeurs et de

---

* Sa Majesté vient de m'adresser la réponse la plus bienveillante.

prendre connaissance de l'état de l'instruction, et du mode d'emprisonnement adopté en France, me fit prier de l'accompagner dans cette tournée de bienfaisance. Fort bel homme, n'ayant pas plus de quarante ans, une noble physionomie orientale, une solide instruction, faisaient de ce prince la personne la plus intéressante. Il me promit bien de répandre autant que possible en Moldavie les idées généreuses et les réformes, qui sous ses yeux à Paris inspiraient à son esprit les plus utiles espérances pour son pays. J'ai reçu plusieurs lettres curieuses de M^r. de Rossowano après son retour dans sa patrie, elles contiennent les plus dignes expressions d'affection et me renouvelaient dans un style touchant l'assurance d'employer tous son zèle et ses efforts à la propagation de l'instruction et surtout à l'adoucissement du sort des prisonniers et des pauvres de la Moldavie.

Le prince Demidoff, riche et bienfaisant seigneur russe, habitait Florence, lorsque je publiai mon journal des prisons et voici comment je devins son correspondant assidu et souvent le dispensateur de ses générosités: Je reçus de Florence une lettre anonyme conçue en ces termes:

„Monsieur, tant qu'il vous fut permis de

faire le bien aux pauvres prisonniers, j'ai suivi avec un vif intérêt vos voyages et vos travaux, mais aujourd'hui qu'une autorité brutale et aveugle vous ferme, pour ainsi dire, ces lieux de misère, je désire, autant qu'il est en mon pouvoir, diminuer vos regrets de cette espèce de proscription, et dans ce but j'envoie ci-joint une lettre de change à vue de deux mille quatre cents francs sur Rougement de Lowenberg, dont je vous prie de faire l'emploi qui vous paraîtra le plus utile. Ne cherchez pas à savoir mon nom, mais si vous trouvez un bon emploi pour cette petite somme, écrivez-moi bureau restant à Florence à M. D. M. et alors je m'empresserai de faire suivre de près des envois d'argent pour les bonnes oeuvres, que vous aurez à accomplir. Recevez, Monsieur, l'assurance de mon admiration."

D'après toute la malveillance de la police d'alors à mon égard, avant de toucher cette lettre de change, j'allai consulter mon avocat, car je craignais qu'on ne vînt ensuite dire, que je recevais de l'argent de l'étranger pour secourir des conspirateurs. M^r. Renouard me rassura, et de suite je cherchai à employer cette somme de mon mieux. Je fis donc mettre en liberté plusieurs détenus pour de legères créances, je retirai des effets du Mont-de-Piété, payai des loyers, des mois de nourrice à de pauvres ménages, en un mot, ces deux mille quatre cents francs firent bien des heureux.

Je ne tardai pas à rédiger une note bien exacte de ces distributions et je l'adressai à l'anonyme de Florence, en lui exprimant ma profonde reconnaissance et en insistant surtout, pour qu'il voulût bien me faire connaître son nom que je m'engageais à garder pour moi seul. Peu de tems après je reçus la lettre la plus honorable et un nouvel envoi d'argent, la signature était celle de M. de Demidoff, qui avait écrit de sa main mille bons compliments, que je n'ose rapporter, sur ma vie et mes travaux en ajoutant: „Monsieur, ne me remerciez plus, je vous en prie, ne publiez jamais mon nom et ne parlez à personne de nos rapports. J'ai une santé si faible, que les moindres impressions me fatiguent, veuillez ne plus me rendre compte du bien que vous ferez avec les sommes que je pourrai vous envoyer, seulement faites mettre en liberté un prisonnier pour dettes au nom de mon fils Anatole, j'aime à placer sous son patronage les malheureux intéressants. Figurez vous que je reçois ici une quantité innombrable de pétitions, mais je n'aime pas à donner autour de moi et de manière à ce qu'on sache mon nom, j'aime mieux, si vos conseils sont conformes à mes idées, fonder une maison de bienfaisance et la doter, pour qu'elle ne manque de rien après moi. Ne craignez jamais, Monsieur, de me faire connaître les besoins d'argent, que vous auriez pour de bonnes oeuvres, car vos lettres et vos inspirations charitables me feront du bien."

Ma correspondance devint fréquente et des plus intéressantes et je regrette de ne pouvoir en donner un plus long extrait.

M^r. de Demidoff est mort moins de deux ans après qu'il voulut bien m'écrire sa première lettre. On m'a assuré, que son intention était de me charger dans son testament de nombreux et généreux actes de charités, mais qu'ayant conservé l'illusion jusqu'au dernier moment, la cruelle et longue maladie qui l'a enlevé ne lui a plus laissé le tems de régler et fixer ses dernières dispositions à ce sujet. Le prince Anatole Demidoff a hérité de son immense fortune et fait comme lui beaucoup de bien. Il se trouve neveu par alliance de Napoléon, ayant épousé la fille de l'ancien Roi de Westphalie, frère de l'Empereur. Je me souviens qu'ayant un jour voulu recommander à

Mʳ. Aguado et à Mʳ. Demidoff une intéressante famille, j'écrivais deux mots à chacun pour leur demander un moment d'audience, en leur disant le motif de ma visite. Voici les deux réponses; le lecteur jugera.

Lettre de Mʳ. Aguado.

„Mʳ. Aguado a déjà tant de personnes de sa patrie à secourir, qu'il ne peut avoir l'honneur de recevoir Monsieur Appert."

Lettre de Mʳ. de Demidoff.

„Monsieur, je n'ai pas oublié vos rapports avec mon père, et lorsqu'on porte votre nom, on ne demande pas d'audience, on donne des rendez-vous. Veuillez donc bien m'indiquer, à quelle heure je pourrai avoir l'honneur de vous rencontrer chez vous, sans vous déranger.

Agréez etc."

Je ne voulus pas abuser de l'extrême amabilité de Mʳ. de Demidoff, et je lui envoyai mon secrétaire, auquel il eut la générosité de remettre trois cents francs en or pour mes protégés.

Mʳ. de Rougemont, procureur général du Roi de Prusse à Neufchâtel, vieillard excellent et respectable, m'avait pris en amitié, et m'offrait de le suivre à Neufchâtel, pour me soustraire aux persécutions de la police française, en ajoutant: „Venez, mon jeune ami, dans notre beau pays vous y serez accueilli et soutenu, vous visiterez nos prisons, nos hôpitaux et certainement nous vous ferons accomplir les oeuvres qui sont dans votre esprit."

M^r. de Rougemont réunissait à une rare instruction une probité politique, une prudence, une sagesse, qui en faisaient un précieux conseiller, je me souviens, que ces qualités ne le laissaient pas sans ennemis, sans jaloux à Neufchâtel. Il n'y a que les hommes médiocres, sans vues avancées, ni supériorité remarquable, qui n'excitent pas la haine des méchants, et chaque fois que vous entendez faire l'éloge d'un absent et que chacun y applaudit, vous pouvez être certain de sa nullité, de son peu de caractère, de sa faible intelligence.

Le marquis de Santa-Crux, ambassadeur d'Espagne à Paris, appartenant à une illustre famille ne partageait aucun des préjugés de sa nation. Il aimait l'instruction, les progrès de l'humanité, et j'étais charmé de le conduire dans mes écoles régimentaires et aux prisons, pour lui donner des idées pratiques sur ces établissements. Ce grand d'Espagne m'a tenu parole; de retour à Madrid, il a cherché à les appliquer, mais le clergé et les moines croyant que laisser le peuple dans l'ignorance, c'était assurer la durée de leur puissance et des anciens abus, furent contraires aux bonnes intentions de M^r. de Santa-Crux. A ce sujet nous ne pouvons trop nous élever contre cette erreur du parti prêtre de tous les pays, et lui répéter, que pour être honorée et durer, la religion doit marcher en avant des sociétés, les guider, les conduire vers le progrès intellectuel, fruit du tems, et du développement des connaissances répandues avec sagesse par l'évangile, car c'est le jour de l'irréligion ou au moins de l'indifférence, celui où les hommes laissent derrière eux les croyances de la foi, les espérances divines, les enseignements des apôtres. En recherchant sans mauvaises intentions la cause de la décadence du respect de certains peuples envers la religion, en examinant les abjurations d'un grand nombre de chrétiens, les si fâcheuses divisions des anciens fidèles, nous voyons toujours, que les excès, l'aveuglement, la tyrannie du clergé sont les premières causes de ces déplorables luttes. Il est remarquable aussi de l'entendre ensuite, après que ses fautes ont amené ce résultat crier au scandale, lancer l'anathème, maudire tout le siècle, tandis que véritablement ce scandale, cet anathème, ces malédictions doivent retomber sur lui-même, car il est le premier et le plus grand coupable. J'ai déjà écrit bien des fois, justement par vénération, par mon admiration pour les saintes écritures, que les ministres de la religion chrétienne ne peuvent conserver aujourd'hui leurs disciples, leur empire, leur influence, qu'en donnant les meilleurs exemples de piété, de tolérance et d'amour du prochain. Les sermons s'envolent, les bons exemples restent. Que le clergé soit à la tête des oeuvres charitables, là il peut prendre la première place; que ses conseils comme ceux du seigneur encouragent les hommes à s'aimer, à s'aider en frères, qu'il prêche la concorde et l'union, qu'il se contente de peu, en donnant beaucoup aux malheureux, qu'il s'éloigne des discussions politiques et cherche à rétablir la paix où elle n'existe plus, qu'il règne sur les coeurs sans vouloir dominer en maître, et certainement il sera grand et puissant suivant l'esprit de Dieu, et aux yeux de tous les hommes.

Mr. Martinez de la Rosa venait souvent chez le duc de Choiseul et malgré sa haute réputation de poète distingué, je ne pouvais m'habituer à son air hautain, à son regard et à son sourire dédaigneux. Cet homme célèbre et qui depuis a été premier ministre de la Reine Isabelle ne parlait qu'avec une mesure diplomatique, un calme froid qui en résultat ne séduisait pas.

Pestalozzi et le révérend père Gérard, furent les premiers étrangers qui daignèrent applaudir à mes publications sur l'amélioration des prisons, pour la propagation de l'enseignement mutuel pour les détenus et j'avoue que l'approbation de ces illustres instituteurs fut un précieux encouragement.

Lady Opie, MM^{rs}. Hume, Warney, Bowring, du parlement d'Angleterre, M^{rs}. Pinkerton, Alexander, Fox, etc., de la Grande-Bretagne, Verning, docteur Hamel, le comte de Laval, de Russie, Friedländer, de Prusse, le comte Hugoni, le comte de Thun d'Hongrie, d'Italie, Mollet, de Hollande, le prince de Salm, tous ces amis de l'humanité me témoignèrent dans mes voyages, à Neuilly ou au quai d'Orsay et dans leurs nombreuses lettres des sentiments dont je m'honorerai toujours. Puisse ce témoignage de ma reconnaissance leur parvenir. Lors de mes heureux jours je regardais comme une bonne fortune d'entretenir avec de tels personnages des rapports suivis sur les questions d'humanité, il me semblait que le bien, se propageant dans les autres pays, devenait la compensation des oppositions, que je rencontrais dans ma patrie; car je ne puis en vérité et aujourd'hui plus que jamais songer aux frontières, lorsqu'il s'agit des malheureux. J'ai un esprit conquérant, qui ne fait qu'un seul royaume de toute la terre, ma carte géographique n'indique que les prisons, les hospices d'orphelins, les établissements des pauvres; la bienfaisance et la charité, telles sont mes limites, ou du moins les routes que je dois parcourir et qui tracent mes courses, soulager ceux qui souffrent est ma politique, tout ce qui est éclairé par le soleil, voilà mes états. Je suis, comme on le voit, un bien grand ambitieux, ou pour me servir de l'expression gracieuse d'un haut fonctionnaire de Prusse *un aventurier dangereux, qu'il faut surveiller avec soin, et auquel on doit demander son passeport.*

CHAPITRE XIII.

MORT DE NAPOLÉON, ARRIVÉE DE SES CENDRES A PARIS. MORT DU DUC D'ORLÉANS.

Nous ne donnerons pas de détails sur la mort de l'Empereur à Ste. Hélène, tout le monde connaît cette longue et courageuse agonie. L'histoire sera juste et sévère envers le gouvernement Anglais, qui ne pourra jamais se justifier de sa conduite indigne envers ce grand homme malheureux, qui vint se confier à sa générosité.

Rien n'est plus intéressant à lire que le mémorial de Ste. Hélène par le comte de Lascases, c'est une continuelle et triste leçon sur le caprice des destinées humaines. J'aimais surtout à causer avec Mʳ. Emanuel de Lascases à nos dîners du quai d'Orsay, de tout ce qu'il a vu pendant son séjour auprès de l'illustre captif. Ces récits d'un esprit impartial, d'un fidèle serviteur, des souvenirs d'un jeune homme, qui eut le bonheur d'écrire sous la dictée de l'Empereur, pendant sa captivité, étaient toujours des plus intéressants. J'étais surtout touché de sa noble constance et voici un trait au milieu de mille, que nous regrettons de ne pouvoir publier, qui donnera une juste idée de la bonté de Napoléon et de l'amour du jeune Lascases pour sa personne.

L'Empereur ne voulant pas laisser disposer de ses cheveux, lorsqu'on les lui coupait un drap était étendu à terre, et cette toilette terminée les cheveux étaient réunis et jetés au feu devant lui. „Un jour," dit Monsieur de Lascases, „que j'étais à écrire près de S. M., au moment, où l'on coupait ses cheveux, je me baissai doucement et en ramassai une mêche avec une grande vivacité, l'Empereur le vit, mais devinant quel prix j'y attachais, quelle peine il me ferait de m'ordonner de renoncer à ce trésor, détourna son regard, et ne dit pas un mot. Tenez, Monsieur Appert, voici le médaillon, qui contient ces cheveux et que je porte toujours sur moi comme une sainte relique. Quant aux cheveux distribués par certaines personnes, qui ont été à Ste. Hélène, c'est comme le bois de de la vraie croix du Christ, ils ne sont certainement pas de l'Empereur!"

Mʳ. de Lascases fut avec le prince de Joinville chercher à Ste. Hélène les restes de Napoléon. „Rien ne peut rendre," disait-il, „l'émotion, que j'ai éprouvé en revoyant ce lieu de déportation, où nous avions tant souffert des souffrances de l'Empereur, mais ce qui surpassa toutes ces sensations fut l'impression produite par la vue de la belle figure de Napoléon au moment, où l'identité dut être constatée, les traits n'étaient nullement changés, c'était encore l'Empereur, pâle et endormi. Ah! quel touchante scène! Monseigneur le prince de Joinville ne pouvait assez contempler ces nobles traits du grand homme. Toutes les personnes présentes, françaises et étrangères partageaient le même sentiment, le même recueillement, la même admiration, la même vénération religieuse. Reprendre ce cercueil pour le ramener en France paraissait une réparation nationale, et c'est une pensée, qui fera autant d'honneur au Roi Louis Philippe qu'au jeune prince, qui en cette occasion représentait la France, réclamant aux Anglais les dépouilles mortelles de leur auguste victime."

J'ai été à Courbevoye visiter le soir même

de son arrivée le bâtiment, qui portait sur la Seine ces précieuses cendres, et j'avouerai combien elles m'impressionnèrent. Jamais tant de poésie, tant de sujets de méditations ne s'étaient réunis sur un tombeau humain, j'y voyais la Jérusalem de la gloire, le sépulcre de la plus grande infortune.

Le gouvernement, on doit l'en remercier, sur les ordres exprès du Roi, avait déployé toute la magnificence possible pour la translation aux Invalides; je vis passer ce cortége imposant, réunissant tous les courageux débris de l'armée impériale, sur cette même route, sous cet arc de triomphe, ou j'avais contemplé dans ma jeunesse l'arrivée de l'Impératrice Marie-Louise, mon coeur et mes idées ne pouvaient séparer le passé du présent, et encore moins croire que tant de puissance ne vivrait plus dans l'avenir qu'en un triste souvenir. La température n'avait jamais été plus froide à Paris, je crois; il semblait qu'elle devait rappeler celle de Russie, pour dire aux admirateurs de l'Empereur: „C'est moi qui par mes rigueurs ai combattu et renversé ce colosse, toutes les nations sans mon concours l'auraient encore pour redoutable ennemi.

Le choix des Invalides pour élever un mausolée à Napoléon ne me paraît pas digne, malgré tout le respect que j'ai pour cette réunion de vieux braves, de conserver toujours cette tombe immortelle, et je suis assuré que le tems, qui ajoute aux vrais grandeurs un éclat, que vénèrent les peuples, donnera au prisonnier de Ste. Hélène une autre sépulture et qu'avant cent ans un monument spécial, grandiose, exprimant la reconnaissance et la puissance de la patrie, attestera aux futures générations tous les titres de l'Empereur à leur amour, à leur perpétuelle admiration!

Puisque nous parlons de Napoléon, il faut aussi féliciter le Roi Louis Philippe, d'avoir rendu sa statue à la colonne de la place Vendôme. Sa Majesté est trop éclairée pour oublier, qu'honorer les grands hommes c'est s'honorer soi-même.

Tous les ans le 15 Août et le 5 Mai, jours anniversaires de la fête et de la mort de l'Empereur, des couronnes sont religieusement déposées en grand nombre aux pieds de cette colonne, et j'ai vu souvent avec respect de très-pauvres et anciens militaires apporter ce souvenir pieux de leur fidèle attachement à leur illustre général.

Je ne dois pas omettre de dire un mot de

la commission, formée sous la présidence du duc de Padoue, et dont on voulut bien me nommer membre, qui avait pour but de fonder à perpétuité une messe dans toutes les églises de France, qui serait célébrée le 5 Mai pour le repos de l'âme de l'Empereur. On ne peut se faire une idée des obstacles, que rencontrèrent nos paisibles et religieuses intentions, car, excepté Mr. l'archevêque actuel de Paris, dont les lumières, les sentiments, la tolérance sont au-dessus de tous nos éloges, les autorités supérieures furent loin d'oser favoriser notre pacifique projet. Malgré tout, cette fondation est faite à Paris, et chaque année une messe est dite le 5 Mai en mémoire de Napoléon, en présence des quelques anciens serviteurs, dont la mémoire est restée fidèle à ce culte d'une si noble infortune.

Ce qui me frappe dans mes voyages, en Prusse surtout, c'est de voir le peuple placer toujours le portrait de l'Empereur dans sa demeure. Souvent le grand Frédéric en est le pendant, et en effet, ces deux grands hommes sont bien dignes de s'offrir ensemble comme l'emblème des plus hautes pensées, du génie le plus étendu. En cessant de parler de l'Empereur Napoléon, après lui avoir rendu toute la justice que méritent ses incomparables qualités, je sens le besoin de dire humblement, que voici les actions de sa vie, que mon impartialité ne me permet pas d'excuser! la mort du duc d'Enghien, son divorce avec Joséphine, les enlèvements du Pape et du vieux Roi d'Espagne, la prise de l'épée sur le tombeau du grand Frédéric. Il me semble qu'il eût été plus noble, plus digne de déposer la sienne sur le cercueil de cet illustre prince, comme un hommage d'admiration; car emporter l'épée d'un tel héros, lorsque soi-même on est un guerrier fameux, ne peut être généreux, ni une grande et sublime pensée.

Mort du duc d'Orléans.

Le calme et la paix semblent régner en France, la famille royale, après la mort prématurée de l'intéressante princesse Marie, voit naître de nouveaux princes autour du trône: le jeune comte de Paris fait le bonheur du duc et de la duchesse d'Orléans, les Tuileries et Neuilly paraissent ne plus craindre des jours de deuil au moins de long-tems, la santé du Roi se conservant excellente, mais la fatalité, cette triste puissance dont les coups sont d'autant plus cruels, qu'on s'y attend le moins, vient changer ce repos en des jours de désolation et de continuels regrets pour la famille royale et pour la France!

Le pauvre duc d'Orléans se rend au palais de Neuilly, pour prendre congé de sa tendre mère et du Roi, dont un voyage doit le séparer quelque tems, il fait gaiement ses adieux, qui seront, hélas! les derniers. Les chevaux de sa voiture s'emportent sur la route de la Révolte, il croit pouvoir se soustraire au danger, en se précipitant en dehors de la voiture, mais perdant l'équilibre, sa chute fait porter la tête sur le pavé, qui brise sans pitié cette vie si chère.

Près d'un terrain que j'avais, devant cette place maudite, existe une petite boutique d'épicier, où le prince est transporté, pouvant encore prononcer quelques mots. Aussitôt que cette terrible nouvelle arrive au palais de Neuilly, le Roi, la Reine, Madame Adélaïde, les princes et princesses accourent dans cette chaumière, les larmes, les sanglots de cette royale famille, seront entendus du mourant, mais ne pourront le rappeler à la vie. La pieuse Reine se jette à genoux auprès du grabat, sur lequel est placé son fils bien-aimé. Cette sainte mère possède depuis sa première communion une médaille de la vierge, qui ne la quitte jamais et à laquelle sa croyance religieuse attache une grande puissance, S. M. la retire de son sein, la pose sur le duc d'Orléans en s'écriant: „De grâce, divine vierge, mère de Dieu, ayez pitié de mon Ferdinand, sauvez mon malheureux fils!!" Il paraît, que les décrets de la providence ne peuvent se modifier par les plus pures prières, car la Reine, image vivante de l'évangile, ne pourra détourner le coup inattendu et si triste qui vient de lui enlever le premier de ses enfants. Après qu'il eut rendu le dernier soupir, on le conduit au château de Neuilly, et derrière lui marchent à pied, répandant d'abondantes larmes, les membres désolés de sa famille. C'est une scène déchirante, le Roi et la Reine surtout, par leur douleur et leur accablement, excitent les sympathies de toute la population, et l'annonce de cette triste nouvelle cause à Paris et dans toute la France un deuil général, réunissant même les divers partis pour regretter cette perte irréparable.

L'armée aimait particulièrement le duc d'Orléans, dont la bravoure et la simplicité, la bonhomie gracieuse, l'intérêt affectueux se montraient dans toutes les occasions. Au siége d'Anvers, en Afrique, ce prince avait payé de sa personne, et toujours sa sollicitude prévenait les besoins du soldat et surtout des malades ou des blessés des hôpitaux.

Le duc d'Orléans s'occupait des sciences, de la littérature et des arts, était fier du talent de sa soeur, dont la Jeanne d'Arc, chef-d'oeuvre de sculpture, avait obtenu le plus unanime succès. La doctrine de Gall ne lui paraissait pas une science certaine; cependant il voulut bien recevoir Monsieur de Lascases et moi, qui, en qualité de vice-présidents de la société phrénologique, lui demandâmes une audience particulière, et je n'ai jamais oublié avec quel à-propos, quel tact, quelle grâce il nous accueillit, tout en faisant sur cette découverte, nouvelle encore, les plus sages réflexions. „Vous, Monsieur Appert," disait-il, „êtes bien plus positif, et vraiment je voudrais bien voir le gouvernement reconstituer votre société royale des prisons, et j'en serais bien volontiers le président.

On a conduit le corps de Monseigneur le duc d'Orléans à Dreux, près de sa soeur Marie, où chaque année la famille royale se rend pour assister au service anniversaire. Les prières pour les âmes pieuses sont les seules consolations de ce monde.

Depuis mes voyages en Allemagne, en Prusse surtout, j'ai entendu souvent parler du duc d'Orléans, qui sut lors de sa visite au Roi Frédéric Guillaume, se concilier les sympathies de toutes les personnes, qui s'entretinrent avec S. A. R. Les militaires, les savants, les industriels remarquèrent ses affectueuses manières, ses rares et aimables qualités. La famille royale comme toutes les classes de la société de ce beau pays, en conservent le plus honorable souvenir, que sa mort si regrettée est encore venue augmenter.

CHAPITRE XIV.

RELATIONS FRANÇAISES.

Mes rapports avec les personnes historiques de mon tems ont été si nombreux, que je dois choisir celles, dont les noms, les travaux ou les fonctions présentent le plus d'intérêt, car il faudrait plus de deux volumes pour parler de toutes ces relations, et déjà la limite de cette publication est franchie.

Le dessinateur Charlet, mort, il y a peu de tems, l'un de mes chefs de bataillon à la dixième légion de la garde nationale, présidait quelquefois le conseil de discipline, dont j'étais secrétaire, et M^r. de Jussieu le capitaine-rapporteur ; rien n'était plus comique que ses questions aux accusés, faites d'un sérieux imperturbable, ses réprimandes pour les manquements de service ; les motifs des condamnations prononcées étaient autant de caricatures aussi plaisantes que celles de son ingénieux et spirituel crayon, et ce qui rendait nos séances très-curieuses, c'est que les réquisitoires du capitaine rapporteur, auteur de *Simon de Nantua,* avaient aussi leur charmante couleur de sévérité et d'ironie, qui, prise au sérieux par les accusés, produisaient des réponses vraiment divertissantes. On sait, que le garde national parisien emploie tout son génie, toutes les ressources de son esprit pour légaliser et justifier son absence des patrouilles, des postes, des exercices, imposés à son patriotisme en tems de paix. Souvent aussi le garde national *accusé* envoie sa femme répondre pour lui, dans ce cas les demandes de Charlet ont un caractère si original, les justifications de la vertueuse épouse deviennent si drôles, qu'on a toutes les peines du monde à ne pas manquer par ses rires *à la dignité du tribunal.* Les femmes en général n'aiment pas que leurs maris montent la garde, parcequ'ils découchent et font souvent de petits excès avec les chers camarades du poste; excepté celles, qui de leur côté ne sont pas fâchées d'avoir une nuit de liberté, Paris ne compte pas le sexe pour défenseur de l'ordre public.

M^r. Charlet m'écrivait quelquefois, pour me recommander des pétitions adressées à la Reine ou à Madame, et toujours dans un style original, qui donnait de suite l'idée de son genre d'esprit.

Manuel, le courageux député, a bien voulu, lors de mes premières publications sur les abus des prisons, m'écrire des lettres bien encourageantes, où respirait l'amour du bien et le plus pur patriotisme.

Béranger, qui prend modestement le titre de chansonnier, est peut-être l'écrivain le plus populaire de la France. Je le vis pour la première fois à la Force dans mon ancienne chambre, et cette entrevue donna lieu à des plaisanteries charmantes du célèbre captif *sur ma succession de prison.* Depuis la Révolution de 1830 Béranger, dont le coeur est aussi bon que son esprit est spirituel, m'a souvent écrit en faveur de pauvres gens intéressants, et si l'espace me permettait de transcrire ici une partie de cette correspondance, on verrait avec quelle bonhomie, quelles expressions chaleureuses il savait peindre la misère de ses protégés. L'une des familles, dignes de sa bienveillance, se nommait *Mouchard,* aussi prit-il soin *de me prier de ne pas repousser sa prière, malgré ce nom peu avenant.* J'ai aussi conservé une bien belle lettre de l'incomparable auteur, dans laquelle il me remercia de l'hommage de mon ouvrage *Bagnes, Prisons et Criminels*, dans des termes si flatteurs, qu'en vérité cette approbation est l'une des plus précieuses que j'aie reçues dans toute ma vie. Béranger vit extrêmement retiré, et la librairie, à laquelle il avait vendu ses oeuvres, ayant fait faillite, son aisance actuelle est tout au plus suffisante, mais ne lui permet plus de faire le bien, que sa générosité discrète savait si parfaitement accomplir.

Béranger n'est pas seulement un poète d'une haute distinction, dont les chansons survivront à la plupart des ouvrages du siècle, c'est encore un homme bienfaisant, fidèle en amitié comme en politique, dévoué sans réserve au pays, à sa gloire, à sa liberté. Béranger, l'ami du peuple, a puissamment concouru à la Révolution de Juillet, et M'. L. Blanc le constate lui-même, au succès des efforts de M'. Laffitte, pour rétablir l'ordre et un gouvernement régulier, et bien certainement cet esprit supérieur, ce sincère patriote, n'a pas agi sans réflexion, sans calculer ce qui convenait le mieux à la France, et surtout la *possibilité*, devant laquelle toutes les volontés de l'homme raisonnable doivent s'incliner.

M͏ʳ. Ouvrard, beau-père du général comte de Rochechouart (ancien commandant de place de Paris et neveu du duc de Richelieu), fut enfermé à la Conciergerie, et lorsque je visitais cette prison, il m'engageait toujours à me reposer dans son appartement, je dis son appartement, car, en effet, il en occupait un, dont Mʳ. Lebel, l'estimable concierge, se privait en sa faveur. Mʳ. Ouvrard avait son cuisinier, un valet de chambre, et vivait encore très-*confortablement*. Il était charitable envers les prisonniers, qui par égoïsme furent bien fâchés de sa mise en liberté. En voyant cet homme si extraordinaire, qui avait remué tant de millions, dont les conceptions financières, le jeu à la bourse, les relations européennes avec les Rois et les grands ont eu un retentissement jugé si diversement, mille réflexions assiégaient mon esprit. Mʳ. Ouvrard conservait un air d'aisance de riche financier, et ne paraissait nullement penser qu'il était prisonnier.

Le vicomte Séguier (fils du premier président de la cour royale), dès sa jeunesse, quoique dans la magistrature, s'occupa d'inventions mécaniques et parvint par le succès de ses recherches, à mériter et obtenir le titre si honorable de membre de l'institut. Je le voyais chez notre ami commun, Mʳ. Rieussec à Virofflay, où j'allais dîner souvent avec Oudard et Mʳ. Valette.

Mʳ. Cathelineau, capitaine porte-drapeau au régiment de la garde royale, était fils du général Vendéen, et son cousin, Mʳ. Nicolas, mon moniteur général à la prison de Montaigu, lui parlant souvent de moi, nous avions de l'estime l'un pour l'autre, quoique nos opinions fussent bien différentes. On sait, que ce fidèle royaliste a été tué par les soldats français, envoyés en Vendée, dans une cave où il s'était réfugié, et j'avouerai franchement, que cette mort ne m'a jamais paru suffisamment justifiée. Mʳ. Cathelineau, malgré les bontés de Madame la Dauphine a laissé sa nombreuse famille dans une situation bien déplorable, et il serait peut-être digne du gouvernement de venir noblement à son secours.

Mʳ. le général de Brack, mon digne ami, était l'un des plus séduisants militaires de l'armée française. Sous la Restauration il avait formé le projet de faire évader les pauvres sous-officiers de la Rochelle. Après 1830 il devint colonel du beau quatrième régiment de hussards, et j'ai visité Mʳ. de Brack et ce corps à Fontainebleau avec le plus grand intérêt.

L'instruction dans toutes les branches, la magnifique tenue des officiers, leur distinction, la propreté, la discipline, l'ordre, la perfection des exercices de ce régiment en faisaient une réunion admirable et digne de servir d'exemple à la meilleure cavalerie.

Mesdames de Saint-Aulaire, Dupont de Nemours, de Mosbourg et Lasteyrie, filles du général Lafayette, de St. Aignan etc., me consultaient souvent pour leurs bonnes oeuvres, ou m'en recommandaient de bien pressantes. Ces dames joignaient à une grande bonté les attentions les plus éclairées pour faire des charités utiles et non des aumônes encourageantes pour la paresse et la débauche.

Mr. Eugène Flandin était un jeune homme bien élevé, et doué de précieuses dispositions pour la peinture, j'aimais à le recevoir à Neuilly, car déjà je devinais qu'il deviendrait un artiste distingué, et en effet, depuis son voyage en Perse son talent a grandi et aujourd'hui Mr. Eugène Flandin est un peintre remarquable.

Mr. Forbin-Janson était évêque à Nancy, dont dépendait ma campagne de Lorraine, et au moment des manoeuvres bruyantes des missionnaires j'ai vu ce prélat, et ces prêtres voyageurs se livrer aux plus fanatiques et déplorables extravagances.

A cette époque je gémissais des résultats anti-religieux de ces prédications, qui brouillaient les familles, les ménages, les amis et semaient partout la discorde, la haine, la division. M\. Forbin-Janson devint tellement impopulaire qu'aussitôt la Révolution de 1830, il a dû quitter son diocèse, pour n'y jamais revenir et cependant le peuple Lorrain (au milieu du quel j'ai vécu si souvent pendant dix ans) est très-religieux, et respectueux pour ses pasteurs.

Lors de mes voyages dans les départements les avocats Michel, de Bourges, Felix Réal de Grenoble eurent pour moi mille bontés, et leurs sentiments libéraux les faisaient considérer alors comme de véritables et dévoués défenseurs des droits du peuple. Après la Révolution de Juillet M\. Michel est resté dans l'opposition avancéé, mais M\. Felix Réal, envoyé à la chambre des députés, siége aujourd'hui au centre et est conseiller d'Etat, en un mot, il appartient au parti ministériel.

M\. Affre, archevêque de Paris, est un prélat d'une profonde et philosophique instruction; pendant mon dernier séjour dans la capitale il m'a comblé de bienveillantes attentions, donné de pieux conseils, inspiré de chrétiennes pensées. La vie intérieure de l'archevêque est simple, il reçoit avec bonté les membres du clergé de son diocèse et toujours il efface l'éminente dignité de son rang pour amener à lui par la confiance et l'affection.

Avant de quitter Paris pour aller fonder dans la Moselle la colonie agricole et industrielle, où je voulais recueillir les condamnés libérés et les enfants des prisonniers, je consultai M^r. Affre sur ce plan, et comme s'il eût été inspiré, je reçus de lui cette réponse: „Mon cher M^r. Appert, ne comptez pas trop sur les secours des personnes, qui approuvent même votre plan, prenez-garde de sacrifier sans succès à cette bonne oeuvre votre aisance. Dieu ne vous demande peut-être pas un tel sacrifice. Ce que vous voulez est bien difficile et sans la grâce du Seigneur vous ne pourriez l'accomplir."

Je ne persistai pas moins et je me rendis à Metz, où le préfet M^r. Germeau m'accueillit avec un empressement qu'il est loyal de reconnaître. Je me décidai à louer, en stipulant la faculté d'acquérir dans le courant de mon bail de trois ans, le vaste château de Rémelfing et je commençais de suite l'exécution de mon projet, sur lequel je reviendrai dans un chapitre spécial, qui se trouvera plus convenablement placé dans l'ouvrage dont je m'occupe en ce moment sur les condamnés et les libérés.

M^r. l'archevêque m'écrivait quelquefois à ma colonie et voici deux extraits de lettres de sa main, qui sont un témoignage de son intérêt pour cette colonie, prétexte de tant de calomnies et de méchantes interprétations, depuis mon séjour en Prusse surtout.

Monsieur!

Votre lettre m'a fait grand plaisir. J'ai été touché des sentiments de piété et de charité que vous y exprimez. Dieu, croyez-le avec confiance, vous soutiendra dans la bonne oeuvre que vous avez entreprise; elle est très-difficile, il ne faut pas vous le dissimuler. Rendre à la vertu des coeurs endurcis dans le mal est une sorte de création, impossible sans un puissant secours de l'esprit saint qui peut seul l'opérer.

Vous me parlez d'une congrégation des frères. Je crois qu'elle existe déjà à Lyon. Vous pouvez vous adresser à Monseigneur l'archevêque ou mieux encore à Monsieur Chalandon qui vous donnera des renseignements à leur sujet. Je crois, que ces frères ont obtenu déjà d'excellents résultats. Peut-être que Monseigneur de Bonald, en vous donnant ces frères, pourrait aussi vous procurer un prêtre. Faites demander l'un et l'autre par Monsieur Chalandon. Il est de Lyon, il pourra dans tous les cas vous donner des renseignements plus précis que les miens. Agréez tous mes sentiments du plus affectueux attachement.

† *Denis,* archevêque de Paris.

Monsieur !

J'ai beaucoup réfléchi sur la proposition que vous me faites. Vous savez que les sermons de charité ne commencent guères que dans quatre ou cinq mois d'ici.

Ils sont excessivement multipliés à Paris. Puisque votre principal but est de faire donner une sanction religieuse à votre oeuvre, vous avez d'autres moyens au moins aussi efficaces.

La providence vient de vous donner un saint évêque, je lui parlerai de votre oeuvre dimanche prochain, et le prierai de vous donner son appui par quelque acte significatif.

Je suis bien heureux de trouver cette occasion de vous renouveler mes affectueux sentiments.

† *Denis,* archevêque de Paris.

Lors de mon séjour sur les bords du Rhin en Juillet 1845, j'appris que ce respectable prélat était aux eaux d'Ems, et j'allai de suite le visiter. Son accueil fut empressé et affectueux, et après lui avoir conté toutes les déceptions dont j'ai été victime, il me donna les plus consolantes espérances.

L'abbé Gaultier, qui s'est tant occupé de l'instruction de la jeunesse et de la propagation de l'enseignement mutuel en 1816, a créé des cours élémentaires qui se continuent depuis sa mort, par ses élèves avec un succès qui fait chaque jour bénir davantage le nom de cet homme de bien. Lorsque j'allai prendre congé de l'abbé Gaultier, pour partir aux mines d'Anzin, il me fit un petit discours, que je n'ai jamais oublié, et que voici: „Mon cher enfant, malgré votre jeune âge vous allez accomplir une grande oeuvre, puisque c'est l'instruction que vos leçons répandront dans les classes malheureuses. Bien du zèle est nécessaire, bien des peines vous attendent et seront en apparence la récompense de vos efforts, mais ne vous découragez pas, le Seigneur éprouve les hommes pour les rendre meilleurs, comme l'orfèvre fond et refond l'or pour l'épurer et détruire son mauvais alliage. Que la charité et l'amour du prochain soient le feu qui brûle votre coeur, ne voyez, ne fréquentez que les gens de bien et Dieu vous préservera des mauvaises chances de cette vie."

Peu de tems après un musicien modeste et très-capable M^r. B. Wilhem, concevait le projet d'introduire le chant dans les écoles nouvelles, il créa une excellente méthode, mais, comme cela arrive toujours, il mourut avant de jouir des succès de ses utiles travaux. Je voyais souvent ce bon M^r. B. Wilhem chez le docteur Bally, qui comprenait bien que la musique pouvait avoir une heureuse influence sur les moeurs et le caractère de nos jeunes élèves. La vie de ce savant compositeur s'épuisait en efforts, démarches, sollicitations, et en leçons gratuites pour lesquelles même il fallait des protections. Savez-vous que c'est le sort des découvertes utiles, d'avoir besoin à leur naissance de l'appui des gens médiocres, qui ont la puissance en main! Combien d'hommes peu capables sont les maîtres d'étouffer les premiers germes de conceptions qui ont coûté toute l'existence, la fortune et le repos aux inventeurs. Ainsi que je l'ai déjà publié et que me le disait un condamné du bagne: „On a plus de peine à trouver des complices pour faire le bien, que pour dévaliser une diligence."

. M˽. Wilhem fit les plus complets sacrifices. Aujourd'hui qu'il est mort, toute la France profite de son zèle, et sa méthode excellente, continuée par M˽. Hubert, que j'ai connu moniteur général à la première école d'enseignement mutuel fondée à Paris, est l'estimable propagateur de l'oeuvre de son digne maître.

Le maréchal Gérard, venant souvent aux Tuileries chez Madame la princesse Adélaïde, nous nous trouvions fréquemment ensemble; on ne peut-être plus simple, plus bienveillant que ce fidèle et dévoué ami de la grandeur et de la liberté de la France. Il me rappelait le bon général Guilleminot, par la simplicité, la bonhomie de son langage. Le maréchal Gérard aime la famille royale, mais n'en dit pas moins la vérité, chaque fois qu'elle est nécessaire. Loin de ressembler aux courtisans, le Roi a toujours en lui un conseiller éclairé, sincère et patriote.

Le prince de Craon, fils du prince de Beauveau, a été bien souvent empressé envers moi, et j'aime à me souvenir de nos rapports. Il s'occupe beaucoup de l'instruction du peuple et a fondé avec son père à Harcourt de très-utiles institutions, qui font le plus grand honneur à cette excellente et noble famille.

J'ai beaucoup vu aussi chez le duc de Choiseul le comte de Montlosier au moment de ses courageuses publications contre les jésuites. Ce vieillard, devenu plus tard pair de France, malgré son âge avancé avait un esprit vif, pénétrant et surtout une rare énergie pour combattre les menées secrètes du parti prêtre et des congrégations, qui commencèrent, je le répète avec conviction, la perte de la branche aînée. Mʳ. de Montlosier n'était certainement pas irréligieux, ni révolutionnaire, ses opinions franchement royalistes eussent dû ouvrir les yeux au Roi, mais les journaux de toutes les couleurs, les abbés de tous les ordres religieux, le haut clergé surtout s'emparèrent de ses écrits avec tant de passions diverses, que Mʳ. de Montlosier lui même fut entraîné à des procès, à des discussions bien vives, dont le pays tout entier s'occupa, et alors cette question, seulement relative aux jésuites, devint un prétexte de débats passionnés où la religion, qui n'était pas attaquée, voulut prendre le rôle de persécutée.

C'est chez la bonne maréchale duchesse de Montébello, que logeait Mʳ. de Montlosier pendant ses séjours à Paris, et toujours il en reçut la plus gracieuse et la plus aimable hospitalité.

Mon locataire de Neuilly, le riche baron de Curnieu, est un jeune homme, qui s'occupe particulièrement d'équitation et de la propagation des meilleures espèces de chevaux, on ferait bien de l'attacher à l'administration générale des haras de France; car ses études, son goût pour cette intéressante production lui permettraient de rendre de grands services. Son cousin M^r. Dittmer,[*] mon ancien élève des cuirassiers de la garde royale, aujourd'hui inspecteur général des haras, lui qui a tant d'esprit, ne peut-il donc penser à l'utilité dont le baron de Curnieu serait pour arriver enfin à pouvoir remonter nos régiments de cavalerie sans recourir aux pays étrangers, qui d'ailleurs, on le conçoit à merveille, ne nous vendent que les chevaux non choisis pour leurs armées. Nous donnons des sommes considérables chaque année et nous ne recevons que les rebuts, bien entendu, des corps militaires des autres nations.

Le docteur Marc, premier médecin du duc d'Orléans, devint naturellement après 1830 ce-

[*] J'apprends à Berlin où j'écris à la hâte ces souvenirs, la mort de ce fonctionnaire auquel j'étais si vivement attaché.

lui du Roi Louis-Philippe et c'est à la cour une charge importante et toute de confiance. En effet, le premier médecin d'un souverain peut, sans qu'on s'en doute, faciliter ou déranger bien des projets. Il a ce qu'on nomme dans les palais *l'oreille du prince;* à la moindre indisposition les destinées de l'Etat, qui repose sur la santé et la vie du Roi, deviennent un trésor dont il doit prolonger l'existence, la durée; si l'indisposition change en maladie sérieuse tout le monde, excepté quelquefois l'héritier présomtif, lui jette la pierre Les ministres, qui savent très-bien qu'un changement de règne peut produire le renversement de leur puissance ne manquent pas, comme s'ils aimaient sincèrement le Roi, de demander une consultation des célèbres docteurs, mais le premier médecin comme les curés de villages auxquels on substituait les missionnaires, ne se soucie pas de ce contrôle de méfiance, et il ne cède que lorsqu'une trop grande responsabilité pèse sur lui. Souvent aussi un Roi malade n'est pas facile à traiter, car habitué à commander à tous, il n'aime pas se soumettre aux ordres de la médecine, ordres qui presque toujours sont par eux-mêmes fort peu agréables; alors le premier médecin, qui ne veut pas non plus fâcher son royal visité, modifie la potion, le traitement, change les sangsues en une saignée etc. Je n'aimerais pas certainement être le premier docteur d'un si illustre malade. Mr. Marc avait toujours à la place de pilules des petites histoires à conter sur tous les gens à la mode, sur les réunions de tels ou tels grands seigneurs, même sur les foyers, acteurs et actrices des théâtres; il savait amuser le Roi et les princes, ce qui n'est pas un mérite ordinaire et à dédaigner. D'ailleurs le médecin aimé est comme le barbier, qui a bien savonné la barbe, la besogne est à moitié faite. A la cour la politique n'est pas toujours étrangère à la santé des grands, mais ne soyons pas indiscret, revenons au premier médecin. Si un journal annonce une indisposition royale, savez-vous, que le docteur de S. M. devient pour les joueurs de la bourse le plus important personnage du royaume, car de ses discours, de ses confidences dépendent les cours des rentes, et jugez donc pour de riches banquiers ce que peuvent être les bénéfices de hausse ou de baisse, lorsqu'ils savent d'avance les probabilités d'une prompte guérison ou d'une mort prochaine, plusieurs millions sont dans cette connaissance de la vérité. Le jeu sur les fonds publics est à Paris une telle science, une telle passion, que je me souviens, qu'un très-riche financier me tint un jour ce discours: „Mon cher M%. Appert, si vous voulez me dire tous les jours avant deux heures, comment se porte le Roi, quelle physionomie il a, si la Reine et Madame Adélaïde paraissent contentes et tranquilles sur les affaires politiques; ce qu'il vous est si facile d'apprendre de S. M. et de S. A. R. sur les nouvelles étrangères, je vous donne régulièrement dix mille francs par mois. Notre arrangement sera fait sur ce pied pour un an, puis j'augmenterai cette subvention, si, comme j'en suis certain, vos nouvelles me sont utiles."

Je n'ai pas besoin de dire que pour rien au monde je n'eusse voulu accepter cette offre, car alors je devenais d'une police plus déshonorante que celle des gouvernements, puisque mes renseignements amenaient la ruine de familles honnêtes, ayant pour adversaires des calculs certains.

Le docteur Marc était gai, obligeant et aimable, et j'aimais beaucoup à me trouver à dîner avec lui chez son gendre, M%. de St. Albin, riche actionnaire du Constitutionnel, vieille rue du Temple № 122.

M. Hortensius St. Albin, son fils, est député de l'extrême gauche, ce qui contrariait un peu le bon docteur Marc.

M. Genty de Bussy, ancien intendant civil d'Afrique, maintenant conseiller d'Etat et député, est fils d'un marchand de vin, traiteur de Choisy, et son frère m'a assuré, que nous étions ensemble chez M. Dumoulin. Ce haut fonctionnaire eût mieux fait d'ajouter à son nom, s'il le trouvait trop roturier, celui de cette ville, et de s'appeler M. Genty de Choisy. Cela était plus naturel et prêtait moins à la critique, mais pourquoi dire ces choses là, qui peuvent contrarier un ancien camarade, dont la mémoire infidèle ne lui permit pas de me reconnaître, lorsque je le rencontrais dans les antichambres de la Reine aux Tuileries. Ne suis-je pas d'ailleurs aussi le fils d'un modeste citoyen et ne s'en fallut-il pas de bien peu, pour que je devinsse baron d'Empire. Ne parlons donc plus des ridicules des autres, puisqu'ils ont été si près de nous atteindre.

Madame Sirey, nièce de Mirabeau, s'occupait avec talent de publications intéressantes, ainsi son journal de *la mère de famille,* contenait des articles du plus réel mérite. J'ai souvent eu l'honneur de la recevoir à ma villa de Neuilly, et c'était toujours une bonne fortune dont j'étais très-reconnaissant. Son mari, M\ Sirey, célèbre par ses ouvrages sur les lois, est mort dernièrement, et son fils, mon bon ami, Aimé Sirey, a été tué à Bruxelles chez une actrice, où une triste fatalité l'entraînait. Il me parlait de sa femme, de ses enfants avec tant d'amour, quelque tems avant mon départ de Paris, que je ne pouvais croire à cette cruelle nouvelle. Depuis sa mort notre dernière conversation m'est revenue à l'esprit, et chose étrange! elle était pour nous deux une fâcheuse et exacte prédiction.

„Mon bon Appert, tu as tort de prêter si facilement tes fonds et de ne pas songer à l'avenir. Tu vois bien tous les pavés de cette place Louis XV, où nous sommes seuls en ce moment, ils représentent nos amis se pressant l'un contre l'autre autour de nous, tant que la fortune et la faveur nous restent fidèles, mais si demain tu as besoin d'un seul service, pas un de ces amis d'aujourd'hui ne se souviendra de toi. Mais laissons cela, je comprends ton bonheur d'aller à Rémelfing former une colonie pour tes pauvres libérés, moi, mon ami, j'ai une femme excellente, des enfants que j'adore, je devrais être heureux à notre terre de Limoges ou j'espère toujours te recevoir, et cependant j'ai le coeur triste, l'esprit préoccupé comme si je devais bientôt éprouver un grand malheur!

Adieu, cher ami, Dieu veuille, que nous nous retrouvions bientôt heureux et contents, mais j'en doute, adieu, écris moi donc!"

M^r. de Goyon, aujourd'hui lieutenant-colonel de cavalerie, gendre de M^r. le duc de Fesanzac de Montesquiou, pair de France, en 1830 n'avait pas cru par une excessive délicatesse devoir reprendre du service dans l'armée. Madame la Dauphine ayant été, pour ainsi dire, élevée avec sa mère, fille de Madame de la Roche-Aymon, dame du palais de la Reine Marie-Antoinette, et lui ayant plusieurs fois témoigné une bienveillance particulière, M^r. de Goyon, franc et loyal Breton, ne pensait pas, quoique bon Français, être libre de prêter serment au nouveau Roi. Il en était pour sa conscience de la royauté ancienne exilée comme d'une perte de coeur, qui demande au tems des consolations et la permission d'une nouvelle alliance. Je connus M^r. de Goyon en même tems que Sirey, le vicomte d'Erlon et le jeune officier de la Brunerie, et notre liaison devint aussi intime que dévouée et affectueuse.

Messieurs Paul Huet, Mansson, Gigoux, Lépaulle, Montjoie, etc., artistes, donnant les plus brillantes espérances d'avenir, étaient aussi de mes jeunes et bons amis de Neuilly, où je les recevais toujours avec un nouveau plaisir.

Messieurs le baron Jubé, Chevallet, Magallon, E. Lambert, Gonzales, Paul Gentilhomme, mon ancien secrétaire, hommes de lettres, venaient quelquefois aussi me visiter, et leur bonne amitié est un souvenir, que je suis heureux de conserver.

Je voyais souvent au palais Messieurs Vatout et le respectable aumônier de la Reine, l'abbé Guillon, évêque de Maroc, qui étaient sincèrement dévoués à la famille royale. M**r**. Vatout a de l'esprit, mais peut-être s'en croit-il encore davantage. C'est un homme du monde, causeur agréable, de bonne compagnie, député honnête, cependant ses fonctions de bibliothécaire, celles qui l'attachent au ministère de l'intérieur ne lui laissent pas, en apparence au moins, une indépendance susceptible d'en faire un membre bien utile à la chambre. Le savant aumônier de la Reine a le défaut contraire, il ne sait pas donner à son rang, à son caractère de prélat, aussi estimé qu'élevé, l'influence dûe au titre de sa religieuse fonction auprès de S. M. à l'inverse de la plupart des prêtres. Attachés aux cours, Monseigneur l'évêque de Maroc s'efface trop lui-même, en sorte qu'on l'oublie souvent et qu'on ne lui accorde pas sa véritable place. Dans les palais on ne peut impunément être modeste et simple, car les courtisans, les gens même de la maison royale refusent ensuite le degré dont cependant on est descendu par humilité ou par bienveillance chrétienne.

M[r]. l'abbé Guillon n'a pas toujours eu à se louer des entourages des princes et pourtant son peu d'ambition, sa vertu, son respectueux attachement pour la famille régnante, le profond savoir dont il a donné tant de preuves le rendaient bien dignes-d'égards et de considération de la part de tous les fonctionnaires ou habitués de la maison royale.

La duchesse d'Abrantès, le général Dubourg, le comte Bigot de Préamenue, l'abbé Lacordaire, Melle. Mars, Talma, Duchesnois, le général Bro, Berryer père, Dugabé, le comte de Grammont, MM[rs]. Jomard, Francoeur, les colonels Lemercier et de Quevauvillers de la garde nationale, sont des personnages, que j'ai particulièrement connus et fréquentés dont les portraits et une notice biographique seraient intéressants, mais l'espace me manquera peut-être. Si j'ai la possibilité, en finissant ces souvenirs, de dire un mot sur chacun d'eux, je ne l'oublierai pas; le lecteur y trouverait quelques détails curieux et nouveaux.

CHAPITRE XV.

SOUVENIRS DIVERS.

Lorsque je me suis décidé à écrire mes souvenirs à Berlin, je n'avais aucune des notes, que j'inscrivais régulièrement tous les soirs depuis 1826 surtout, en sorte que ma mémoire et la résolution d'être parfaitement exact furent mes seuls guides. Je commençai le 15 Janvier, époque de la publication de mon *Voyage en Prusse*, et j'achevai ces trois volumes le 15 Mars de cette année. Ceci explique, que je n'ai pas eu la prétention d'écrire un ouvrage d'un mérite littéraire, ni une histoire des événements extraordinaires, qui depuis quarante ans ont fait une grande et durable sensation dans le monde.

Tout en rédigeant ces mélanges, j'étais vivement préoccupé du but de mon voyage en Allemagne, qui se continuera plusieurs années peut-être, pour que le plan de moralisation et de correction, me paraissant pouvoir s'appliquer surtout aux condamnés des prisons de ces pays puisse être adopté ou rejeté définitivement par les gouvernements.

Mon projet est de me rendre dans tous les Etats, qui comme la Prusse voudront m'accueillir, et je serai très-heureux, si les souverains daignent accorder à mes efforts désintéressés les mêmes encouragements, que ceux dont le Roi Frédéric Guillaume a bien voulu m'honorer.

Déjà les Roi des Belges, de Danemark, de Bavière, de Saxe, de Wurtemberg m'ont adressé les lettres les plus flatteuses et des ordres sont donnés pour faciliter mes visites et me communiquer sur les prisons, les écoles, les maisons de bienfaisance et les institutions militaires tous les renseignements susceptibles d'être utiles aux écrits, que je me propose de publier sur chaque royaume.

Ces lignes expliquent et excusent l'ordre peu régulier des chapitres et l'imperfection de leur rédaction, mais ce que je puis garantir, c'est le soin, que j'ai pris pour ne dire que la vérité sans avoir égard au rang, à la position des personnes dont je parle. Je n'ai de ressentiment, ni de haine contre qui que ce soit, j'ai vu de trop près les hommes et les choses, pour ne pas savoir que chaque degré de la société a ses vices et ses vertus, ses faiblesses et ses qualités, et en me considérant moi-même je dois être indulgent pour les autres.

Au moment de corriger la dernière page de ces souvenirs je reçois l'énorme quantité de lettres autographes et notes, qui paraissaient devoir m'être d'un grand secours pour la rédaction de cet ouvrage, et après avoir recherché et vérifié les pièces, qui ont rapport aux faits, personnages et circonstances, je suis étonné que ma mémoire n'ait été infidèle sur aucun sujet intéressant, aussi je n'aurai en terminant rien à rectifier de ce que j'ai dit précédemment, et fort peu de particularités à ajouter, le lecteur en jugera par ce dernier chapitre, résumé de ce que *je puis écrire aujourd'hui*, et si le public accueille avec bonté et indulgence ces *souvenirs*, je lui offrirai après la publication de *l'histoire des criminels et des condamnés innocents*, que j'ai également terminée à Berlin,* un tableau complet des moeurs,

---

* Je ne puis résister au plaisir d'exprimer ma profonde reconnaissance pour l'intérêt affectueux, dont j'ai été si particulièrement honoré en cette belle capitale par l'illustre baron

de la correspondance, et de la vie intime des cours de France et de l'Europe.

Voici quelques anecdotes que je crois pouvoir ajouter aux chapitres précédents. Plus on approche les grands et les cours, plus le repos de la campagne a de charmes, et plus aussi deviennent vifs les désirs de vivre libre dans sa chaumière, sur son champ, loin des palais.

Pendant le tems, que j'ai eu l'honneur d'être attaché à la Reine et à Madame Adélaïde, je ne pouvais quitter Paris, qu'au moment des

de Humboldt, le célèbre Meyerbeer, son frère Guillaume. Je dois aussi tous mes remercîments à MM^{rs}. le professeur Lichtenstein, le comte de Schlieffen, les lieutenants-colouels, majors, capitaines Panwitz, d'Orlich, de Closewitz, du beau deuxième de la garde royale, au premier-lieutenant de Witzleben, du régiment de l'Empereur François, aux les lieutenants de Cranach et de Tschirschky, dont les prévenances et je puis ajouter l'estime et l'amitié ont toujours été si empressées, si gracieuses. J'exprime aussi ma vive gratitude à Madame Levy, aux familles Friedenberg, Strafs, Müller, Wagner, Eichstedt, au professeur Martin, qui m'ont comblé des plus fréquentes attentions. Je suis bien charmé d'être aujourd'hui l'ami de MM^{rs}. de Panwitz et Witzleben, et la réunion de toutes ces bontés rendent cher à mon coeur cet heureux séjour à Berlin, c'est un port généreux où après un naufrage bien triste, j'ai trouvé une auguste bienveillance, et les douceurs de sincères affections, en faut-il donc plus pour oublier le passé, remercier la providence du présent. espérer les mêmes grâces pour l'avenir, et attendre avec confiance et courage ses bénédictions pour l'oeuvre d'humanité, qui me fixe dans ce magnifique et excellent pays.

voyages de S. M. ou de S. A. R., et comme deux fois par mois mes listes de secours devaient être présentées à l'approbation des princesses et les distributions s'effectuer sans retard, je ne disposais, comme je l'ai déjà dit, que de dix à douze jours, deux à trois fois par an, en sorte que mes séjours à Grand-Mesnil étaient loin de satisfaire mes goûts campagnards.

Puis mes bons amis Oudard et Lamy, qui pendant mes absences faisaient ma besogne en partie, ne manquaient pas de m'écrire, qu'on avait déjà demandé, quel jour je revenais, qu'un grand nombre de pétitions m'attendait, etc. Cette correspondance, assez fréquente et volumineuse, m'arrivait franche de port sous le couvert de Monseigneur le duc d'Orléans, avant 1830 (et sous celui du Roi, depuis son avénement au trône). De 1826 à 1829 on était si soupçonneux sur tout ce qui venait ou approchait de S. A. R., qu'un fonctionnaire militaire de Toul alla un jour chez le sous-préfet, Mr. de Rosière, lui proposer de faire ouvrir les dépêches, qui m'étaient adressées de Paris avec le cachet des armes de ce prince. Mr. de Rosière dévoué aux Bourbons, mais honnête en politique comme dans sa vie privée, refusa impérieusement l'autorisation demandée; j'ai tenté de le remercier de cette délicatesse, rare de la part d'un agent du gouvernement de ce tems, en sollicitant après la Révolution de Juillet son maintien à la sous-préfecture de Toul; j'avais réussi, mais l'ardeur des passions politiques de cette ville, les impressions du moment, rendirent mes efforts impuissants, et l'estimable Mʳ. de Rosière fut remplacé. Lorsque j'étais à Grand-Mesnil, après 1830, je recevais tous les *gros bonnets*, patriotes, électeurs, curés, maires et adjoints de l'arrondissement. Ces nombreuses et bruyantes visites me laissaient peu de repos, aussi j'aurais bien voulu, pendant ces courts séjours ne pas être le personnage *le plus conséquent* du département. La garde nationale venait de s'organiser, et son *esprit de liberté* la rendait très-remuante contre le maire Mʳ. Burté, vieillard fort respectable, mais ancien émigré et, ce qui est plus pour se faire des ennemis, très-instruit, distingué, sobre, travailleur et dominant ainsi souvent son illustre conseil municipal. Un beau jour j'entends battre le tambour (dont j'avais fait présent à la garde nationale), je vois arriver tout le bataillon, ayant son commandant en tête. Cette curieuse réunion de villageois de toutes les conditions riches, pauvres, vieux et jeunes se place en bataille, et le tambour Brunot, mon maréchal-ferrant, malgré sa bosse et la difformité de toute sa personne, fait faire silence, s'avance à mon perron et, d'une voix forte et hardie, prononce ce discours: „Monsieur *le membre royal*,[*] nous venons tous pour vous saluer et vous dire, que nous sommes bien heureux de la Révolution de *Juillette,* et maintenant, que nous avons un vrai Français pour Roi, que nous vivons en pleine liberté, nous vous demandons la permission de destituer le maire et d'en mettre un autre à la place. Vive le Roi, vive M^r. Appert, vive *la mère Sellièse!*" (Il voulait dire *la Marseillaise*.)

Je répondis à cette harangue, que je ne partageais pas leur opinion sur l'utilité de changer le maire, qu'il était depuis long-tems mon ami, mais que dans tous les cas on ne pouvait ainsi le destituer, qu'il fallait des motifs et une décision de l'administration supérieure, que je prenais bonne note de leurs vœux, qu'on allait leur offrir des rafraîchissements et que de retour à Paris j'aurais soin de m'oc-

[*] Il croyait, que ce titre voulait dire: membre d'une société royale.

cuper de la réclamation, qui était l'objet de cette visite. Mais ce parti ne convint pas à mes nobles voisins et surtout au tambour, ils murmurent, refusèrent de boire (ce qui certainement n'était jamais arrivé) se remirent brusquement en marche, déchargèrent leurs armes en l'air, en signe de mécontentement et retournèrent à Ecrouves chez le pauvre maire, qui avait pris la fuite, et après avoir brisé les portes de ce vieux et féodal bâtiment, cette troupe *libérale* rentra dans ses foyers. Le lendemain j'allai chez les meneurs principaux, surtout auprès du bossu-maréchal, et après bien des discours je parvins à rétablir l'ordre, provisoirement au moins. Ce petit exemple donne une idée des mouvements populaires, qui suivent toujours les révolutions, et tous les gens raisonnables conviendront de leurs dangers.

Ma propriété de Grand-Mesnil, qui en 1826 était bien peu importante, s'était augmentée par diverses acquisitions et à cet égard encore il y a plus d'une étude de moeurs à faire sur l'esprit des paysans, dont on a le malheur d'être voisin. Leur ignorance, leur vicieuse éducation plutôt peut-être que leur improbité, les rendent de mauvaise foi, exigeants, et s'ils peuvent, en labourant, prendre chaque année quelques pieds de terre, ce n'est pas à leurs yeux un vol, *puisque le Monsieur de Paris est riche, et qu'il a tant d'arpents autour de son domaine.*

Après la Révolution j'étais si continuellement tenu près de la Reine et de Madame, mes séjours à Grand-Mesnil devenaient si rares et si courts, que, malgré mon désir de rester le voisin de mon digne ami M^r. Etienne, je me décidai à vendre cette propriété, pour replacer ces fonds autour de ma maison de Neuilly, et d'autant plus, que mon bien de Lorraine ne me rapportait pas, tous frais payés, trois pour cent l'an. Des israélites de Pont à Mousson, MM^rs. Moyse Meyer, l'achetèrent en bloc un assez bon prix, et je quittai pour toujours ce village obscur, où j'avais cependant passé de si heureux jours. Dès cette époque ma tranquillité, mon repos allaient disparaître, hélas! pour long-tems, car j'en attends et souhaite encore en ce moment le retour.

J'acquis les terrains et les maisons, qui me touchaient à Neuilly, et je parvins, en me donnant beaucoup de soins et de peines, à créer dans la plus jolie position, sur les bords de la Seine, près des îles du Roi, une charmante villa, composée de douze pavillons élégants et parfaitement meublés, rapportant deux et trois fois plus que la propriété de Lorraine. Parmi ces délicieuses résidences d'été se trouvait le pavillon (en bois), construit à Bagatelle au bois de Boulogne, pour le duc de Bordeaux et sa soeur, qu'on y menait promener tous les jours, et que le propriétaire, frère de lord Seymour, m'avait vendu à condition, que ce pavillon des princes exilés ne serait pas loué à un café, ni à un marchand de vins. J'avais conservé la même distribution des appartements, les mêmes serrures des portes, la galerie, où le jeune duc de Bordeaux jouait avec ses gardes, en sorte que pour tout royaliste ou amateur de choses historiques ce pavillon, du reste très-bien disposé, offrait une habitation bien agréable.

D'illustres légitimistes le visitèrent avec le plus grand intérêt, mais se bornèrent à cette admiration peu coûteuse. Je l'occupai quelque tems, puis une famille anglaise, et après un riche banquier, M^r. Aligry, le louèrent et m'en payèrent un bon loyer. Mes plantations par les inondations de la Seine croissaient à vue d'oeil, mes jardins devenaient ombragés et d'une grande beauté; mes études de jeunesse me servaient pour les constructions, que j'érigeais sans architecte, ma vie se passait divisée entre les occupations multipliées, causées par l'inspection des écoles et des secours des princesses, mes visites aux prisons de Paris et la direction de mes affaires de Neuilly. Mais peut-on ne pas intriguer et rester en faveur dans les cours, cela est impossible aujourd'hui ; comme autrefois peut-on y dire la vérité, vivre en dehors des courtisans, blâmer hautement ce qui ne paraît pas bien, résister aux sollicitations des uns et des autres, c'est demander un miracle, aussi les jalousies, les calomnies, le mensonge, l'hypocrisie, enfin toutes les qualités des antichambres se réunirent dans l'ombre pour me nuire, et le sort réservé à tous les amis fidèles, francs et désintéressés des grands, m'atteignit sous l'apparence des exigeances de ma santé, de réformes faites dans les bureaux, dont la mort du bon Oudard parut le prétexte. La Reine et Madame, qui pendant les dix ans que je restai auprès d'elles, ne m'avaient jamais fait *le plus léger reproche*, la moindre observation de mécontentement, qui au contraire approuvaient constamment et sans exception toutes mes propositions et demandes au sujet de leurs pétitions, auxquelles je n'ai pas fait une seule prière personnelle, le Roi, dont la bonté, et j'ose ajouter la confiance, en bien des occasions sérieuses, m'avaient si souvent prouvé la bienveillance et la plus entière sympathie pour mes travaux philanthropiques ne purent, ainsi que cela arrive dans les palais royaux, résister à cette puissance inconnue, mais forte et persévérante, et de magnifiques cadeaux, diamants, montre précieuse, argenterie de grand prix, me furent remis au nom de la famille royale, qui *reconnaîtrait toujours et n'oublierait jamais mes longs et dévoués services,* dirent les messages chargés de me faire croire, qu'en m'éloignant *visiblement*, on me rapprochait intérieurement dans le coeur de ces excellents et si nobles princes.

J'aurai occasion, dans un autre écrit, de donner des détails curieux sur les moyens employés, lorsqu'on veut à la cour disgracier un ministre, un ambassadeur, un aide-de-camp, un directeur, un secrétaire, un ami, j'y ajouterai des faits curieux et la comparaison à faire à ce sujet sur ce qui se passe aux Tuileries et dans d'autres pays étrangers, qui ne seront pas sans intérêt.

Ce que je puis assurer en ce moment, c'est que les courtisans de tous les Etats forment une lèpre perfide pour les Rois et les peuples, et si Dieu ne me laisse pas succomber aux chagrins sans relâche, qui viennent chaque jour me frapper avec de nouvelles armes empoisonnées, je ne me reposerai qu'après avoir dévoilé les menées immorales, qui nuisent plus aux trônes, que toutes les tentatives révolutionnaires. On verra avec une véritable indignation que la vie privée, les pertes de la richesse, les infortunes les moins méritées, qui devraient au moins obtenir l'estime et la protection, deviennent au contraire contre celui, qui supporte courageusement tous ces coups, ces épreuves de la providence, autant de secrets motifs de basses persécutions. Je n'écrirai pas pour me plaindre, n'attendant rien de personne; ce tableau, tracé fidèlement et, comme je l'ai promis, sans haine et sans crainte, sera un enseignement utile, et non un réquisitoire contre ceux, dont j'ai depuis si long-tems à souffrir les ignorantes et méchantes accusations. Je parlerai en même tems dans cette nouvelle brochure, qui sera la suite nécessaire de ces mélanges et souvenirs, de la vente de ma villa de Neuilly, de mon départ de cette résidence, pour fonder à mes frais la colonie de Rémelfing, où je voulais appliquer mes idées etc., sur les moyens de ramener au bien les libérés, et d'empêcher les enfants des prisonniers de tomber dans le crime, comme leurs familles.

En nommant mes honorables visiteurs du quai d'Orsay et de Neuilly, j'ai oublié MM^{rs}. Tissot de l'Académie française, Jullien de Paris, les docteurs Flandin, Evrat, l'avocat Rivat, le savant ingénieur Polonceau, Pagès, Henry Etienne, le chimiste Beyssère, mon ami d'enfance Vesques, le général Feisthamel, le capitaine Julien, le conseiller Dutrône, le comte de Lasteyrie, Castéra et Cassin, agent général de la société de la morale chrétienne, et mon vieux cousin M^r. Appert.

M^r. Tissot, fidèle à la mémoire de l'Empereur, ne parlait jamais de son règne, des événements du tems, des personnages illustres de l'Empire, qu'avec un respect, une mesure, une loyauté, qui rehaussaient encore l'éloquence si parfaite de ce séduisant et impartial écrivain. Les cours de M^r. Tissot étaient pour la jeunesse des écoles un attrayant enseignement, une noble chaire, dont les paroles frappaient délicieusement le coeur et l'esprit. Aux réunions du quai d'Orsay M^r. Tissot était gai et d'une grande amabilité; son caractère, jeune encore, ses récits toujours gracieux et instructifs, la simplicité de ses manières, la grâce et le charme des anecdotes, qu'il contait avec un abandon, une bonhomie, sans cesse originale et aimables, offraient l'assemblage des plus heureuses qualités.

M^r. Jullien de Paris, fondateur de la Revue encyclopédique, auteur d'un grand nombre de brochures utiles aux progrès de l'instruction et de la civilisation des peuples, l'un des premiers membres de la société de l'enseignement mutuel, a rendu les plus éminens services, et après avoir consacré de longues années, sa fortune, à cette cause de véritable philanthropie, M^r. Jullien n'a pas même été à l'abri des coups de la calomnie et de la malveillance, et aujourd'hui, d'un âge avancé, les plus tristes déceptions sont ses seuls compagnons fidèles. Les relations étrangères de ce philanthrope s'étendaient dans toute l'Europe, et il n'arrivait pas un voyageur distingué à Paris, sans que M^r. Jullien ne s'empressât de le conduire dans tous les établissements d'humanité et scientifiques de la capitale. C'est par lui que j'ai connu les plus illustres personnages, me chargeant de leur faciliter la visite des écoles régimentaires et des prisons. J'accompagnais avec grand empressement ces amis des progrès des institutions charitables, et ces rapports me permettaient encore de propager d'utiles idées de réformes sociales, ainsi que je l'ai écrit déjà, lorsqu'il s'agit du bien, il m'importe peu que ce soit pour ma patrie ou pour un autre pays. Les frontières limitent les Etats, mais elles ne sauraient arrêter la marche de l'humanité.

Les docteurs Flandin et Evrat réunissent à une véritable capacité les plus charitables intentions, et jamais les pauvres n'ont été les derniers à recevoir leurs visites. Le bon Evrat, excellent accoucheur, neveu de M^r. Moreau, aurait pu obtenir une brillante et riche clientèle, mais que devenait son intérêt, lorsque la misère réclamait ses soins, et combien de fois laissait-il la grande dame pour ne pas quitter la malheureuse femme en couche! Non seulement il ne se faisait pas payer, mais il donnait souvent les médicamens, le linge, du pain aux enfants. M^r. Evrat, après avoir compromis par sa trop charitable bienfaisance son aisance et changé toute sa position, est allé avec sa femme et ses enfants comme médecin à la Chartreuse, près Grenoble, espérant y faire encore du bien aux pauvres frères, qui peuplent cet immense couvent. J'admire tellement les rares qualités de mon ami Evrat, je lui suis, malgré notre longue séparation et la grande distance qui nous sépare, si attaché, que, pendant toutes mes peines, j'ai souvent eu l'idée d'aller m'enfermer pour toujours dans cette maison, près de lui; il me semblait qu'alors je ne mourrais pas à tout le monde, et que mon coeur trouverait un salutaire soulagement, en se soumettant aux règles sévères de l'ordre de la Trappe, mais la croyance que j'ai en l'obligation de savoir souffrir, tout en cherchant encore à être utile au prochain, mon désir d'achever la semence de mes idées sur la régénération des pauvres prisonniers, ont été des sentiments plus forts que celui de mon propre repos, et je continue ma route partout où, comme dans le royaume de Prusse, la providence me donne l'appui des Rois et les simpathies publiques, pour le succès de cette oeuvre, qui aura dans tous les cas usé mon existence entière.

Le comte de Lasteyrie, oncle du colonel de la légion de la Nièvre, est l'un des premiers et plus utiles membres de la société d'encouragement, de celle de l'instruction élémentaire, du comité polonais, etc. On lui doit, pour ainsi dire, le succès de la lithographie, et son nom respectable se rattache depuis de longues années à toutes les associations d'humanité et de progrès intellectuels. M^r. de Lasteyrie est un véritable philanthrope, dont les services ne sauraient assez être loués et appréciés. Il a épousé la soeur de Madame Sirey, comme elle nièce de Mirabeau.

L'amour de l'humanité est une passion peu commune au milieu de toutes celles, qui agitent les hommes dans notre siècle d'argent, mais aussi ceux, qui font une heureuse exception à l'égoïsme du tems, semblent vouloir par *la qualité* combattre *la quantité*. A ce sujet je puis nommer le pauvre vieux Castéra, mort dans la misère, mais sur son champ de bataille, dont la victoire devait être la propagation et l'établissement dans tous les ports de mers, de moyens efficaces de sauvetage pour les naufragés. Cet homme estimable, obligé même d'accepter des secours de la bienfaisance royale, auquel j'avais bien soin de le présenter comme l'acquittement d'une partie de ce qu'on devait à son zèle et à ses sacrifices, pour les lui faire accepter, ne vivait, n'écrivait, ne sollicitait qu'en faveur de son oeuvre philanthropique. A force de persévérance, et Dieu sait combien il en faut pour le bien, il était parvenu à former un comité, dont il voulut absolument, que je fusse le secrétaire, et peu avant sa mort des essais, prouvant le succès de ses vues et de ses inventions, le comblèrent de joie et d'espérance, mais les soucis, que lui donnait une telle entreprise, les privations de tous genres, qu'il s'imposait pour elle, conduisirent bien vite au tombeau M^r. Castéra, et comme toujours, c'est après l'avoir laissé mourir de faim et de besoin, pour ainsi dire, qu'on rend justice à l'utilité de son plan et de ses efforts.

M^r. Appert, dont je m'honore d'être le parent, eut le premier l'idée, il y a plus de cinquante ans, de conserver les substances animales, par un procédé très-simple, peu coûteux. Le ministre de la marine put alors donner à chaque vaisseau des provisions, de viandes, bouillons, légumes, pour les soustraire aux privations des pays lointains, et les malades surtout trouvèrent un grand soulagement dans ces secours précieux, rétablissant promptement la santé. Les divers gouvernements, la société d'encouragement, les savants de tous les pays applaudirent M^r. Appert; des médailles, des rapports des académies honorèrent sa découverte, ou l'engagèrent à la publier dans un ouvrage spécial, promettant de l'en récompenser dignement. M‍ʳ. Appert refusa donc les offres du gouvernement anglais, qui proposait d'acheter une somme considérable ce secret important, et il fit imprimer son livre *des ménages*. Le ministre, comte de Corbière, lui prêta un local aux Quinze-Vingt, pour établir les ateliers nécessaires à l'application en grand de cet ingénieux procédé, mais lorsque M‍ʳ. Appert eut dépensé toute sa petite fortune à cet établissement, et publié son secret, le même ministre le prévint, qu'on allait mettre en adjudication la location des bâtiments qu'il occupait, qu'il pourrait en devenir locataire, ou se retirer. Alors, n'ayant pas les moyens de payer un énorme loyer, il fut obligé de démolir ses fourneaux, de vendre au poids ses appareils de cuivre etc., et il fut ruiné. Les gouvernements, qui connaissaient par son livre, comment il obtenait le résultat de la conservation illimitée de toute substance, établirent dans les ports de semblables usines. On ne lui accorda alors après mille et mille démarches qu'une faible pension viagère de douze cents francs, et il est mort dans un état près de la misère à l'âge de quatre-vingt cinq ans. On eût rendu bien heureux ce vieillard, en lui donnant la croix d'honneur, mais ses services, qui sauvèrent la vie à plus de cinquante mille marins peut-être de tout le monde, ne fixèrent pas la bienveillance de l'autorité. Il a donc quitté cette vie, sans être récompensé et après avoir souvent engagé ses médailles au Mont-de-Piété pour payer les frais de ses utiles et multipliées recherches chimiques. A l'occasion de la croix d'honneur j'aurais des détails curieux à donner sur ses distributions nombreuses qui la prostituent si souvent, mais n'ayant pas été jugé digne de recevoir cette distinction, bien que j'aie plus de trente ans de services gratuits, que le Roi Louis-Philippe étant duc d'Orléans (en 1824) eût trouvé que le Dauphin manquait de justice, en ne me l'accordant pas, je dois m'abstenir; car on serait bien heureux à la cour de crier au scandale sur les révélations qu'on appelerait un dépit de ne pas faire partie des illustres et nouveaux chevaliers.

Je dirai aujourd'hui seulement que je connais plusieurs hommes de lettres, qui après avoir écrit, agi et parlé contre la royauté de 1830, d'ignorants intrigants de toute catégorie, des favoris des boudoirs de certaines grandes dames, qui ont reçu depuis ce tems la croix et même des grades élevés dans la Légion d'honneur. Dans la publication de mes *derniers souvenirs* je ferai à ce sujet certaines révélations, qui, comparées avec la liste que je donnerai également des personnes honorables non décorées, ne seront pas sans intérêt pour la morale publique.

M^r. Cassin, agent de la société d'instruction dès 1816, a rempli les mêmes fonctions auprès de toutes les associations de bienfaisance qui s'organisèrent surtout avant 1830, rue Taranne № 12. Il était le dictionnaire vivant de tous nos comités, l'excellent répertoire des bonnes oeuvres philanthropiques, qui dans ces tems recevaient l'honneur de la persécution ou au moins de la sévère surveillance de la police. Je regrette que l'étendue de ces souvenirs ne me laisse pas la possibilité de parler plus longuement de l'estimable M^r. Cassin, qu'une mort bien prématurée a enlevé subitement à ses utiles et modestes travaux. J'aurai peut-être occasion de consacrer un chapitre aux sociétés si intéressantes et de progrès qui se réunissaient et s'assemblent encore rue Taranne. Nous y retrouverons les hommes les plus marquants de la France et des pays étrangers et l'on verra que pour beaucoup de ces

Messieurs, ainsi que je l'ai déjà dit, la philanthropie était un marche-pied pour s'élever, ce que j'excuserais, si la mémoire de ces charitables travaux avait conservé dans leur coeur l'appui que les grandeurs dont ils jouissent devaient nous promettre.

Le savant ingénieur Polonceau, beau frère d'Evrat, le fils et le gendre de mon illustre ami M². Etienne l'avocat Rivat, bien gracieux chanteur, le chimiste Beyssère, mon camarade Vesques, le général Feisthamel, le conseiller Dutrône, le capitaine Julien, de l'ancienne Légion de la Nièvre, mon meilleur ami de Douai, voulaient bien être souvent de mes réunions de Neuilly ou du quai d'Orsay et j'ai conservé pour eux le plus sincère attachement, et si je regrette quelquefois la fortune, c'est quand je pense à cette séparation, de tous mes bons amis.

Le docteur Bally, dont le dévouement courageux, lors de la peste de Barcelone a été admiré de toute l'Europe m'honorait depuis long-tems de son affection et je n'oublierai jamais qu'au commencement de ma carrière pour la propagation de l'enseignement mutuel, ses conseils, ses encouragements, son appui m'ont été de la plus grande utilité.

Je ne dois pas omettre de dire avec quel religieux intérêt j'ai vu chez mon noble ami, le procureur général Borelly à Aix, MM^{rs}. le comte Porro et Confalioneri, échappés comme par miracle à la longue agonie de leur emprisonnement, ainsi que Silvio Pellico et Maroncelli qui m'a visité à Paris au quai d'Orsay. Le récit noble et digne des souffrances de cette inhumaine captivité, de cette torture cruelle, excitait dans tous les coeurs généreux la plus vive indignation.

Il n'y a pas heureusement sur la terre de puissance au dessus de l'opinion publique, lorsqu'elle est formée par la vérité. Ainsi la captivité de l'Empereur Napoléon à Ste. Hélène, celle des quatre victimes que nous venons de nommer sera pour l'Angleterre et l'Autriche une tache, que le tems ne pourra effacer de l'histoire.

Sans doute les gouvernements ont le droit de se défendre contre les conspirations, de punir ceux qui veulent les renverser, mais c'est par de justes châtiments, après avoir essayé de la clémence, si les partis continuent leurs complots, et dans ce cas même de légales répressions, rien n'est plus capable de ramener les esprits égarés qu'une généreuse miséricorde, et lorsque c'est possible, un pardon qui devient toujours la preuve de la force morale de celui, qui se refuse d'user de la force matérielle et de répandre le sang de l'homme. Le lendemain de la clémence est toujours consolant pour celui qui gouverne, le résultat des condamnations trop rigoureuses, de l'application de la peine de mort, donnent bien rarement plus de durée et de tranquillité à la puissance gouvernementale.

Qu'on regarde l'Espagne, l'Italie, la Pologne où les cachots, les galères, les exécutions à mort ont été et sont encore souvent employés contre les révoltés, ils ne peuvent parvenir à rétablir le repos social. Puisse cette vérité éclairer ceux qui gouvernent ces nations si dignes d'un meilleur sort.

En parlant des personnes attachées aux princes j'ai oublié M^r. le comte de Chatellux, gentilhomme d'honneur de Madame Adélaïde et Mesdames la marquise de Chatérac, de Latour Dupin, dames d'accompagnement, Charles Dubuquoi et Uginet, espèce d'intendants de l'intérieur de la maison royale. Je dois aussi un mot au premier valet de chambre du Roi, et à Lapointe remplissant les mêmes fonctions auprès de la Reine, alors j'aurai fait un tableau complet des grands et des petits de la cour des Tuileries.

M'. de Chatellux m'honorait souvent de sa visite, lorsqu'il avait quelques pétitionnaires à recommander, et personne alors ne mettait plus de grâce, d'instances dans ses sollicitations. Il est maintenant député et à la tête, je crois, d'une entreprise de chemin de fer, ce qui sans doute lui permet d'obtenir beaucoup plus facilement des faveurs pour ses nombreux protégés.

Madame de Chantérac recommandait aussi bien souvent par d'aimables petites lettres, dont j'ai conservé un grand nombre, et les termes en étaient si pressants, le style si intéressant, qu'il était difficile de ne pas faire ce qu'elle sollicitait si gracieusement.

Madame de Latour Dupin, attachée à Madame avait bien aussi sa petite armée de protégés, mais cependant ses demandes n'étaient pas aussi fréquentes que celles de Madame de Chantérac. Les sollicitations de l'entourage des princes ne conservent pas toujours une discrétion convenable. Pour certaines personnes la cassette royale est un gâteau de miel, dont elles sont les abeilles et pour demander certainement l'activité de leur travail ne laisse rien à envier aux plus laborieuses ruches. On dit, que les mouches mettent à la porte et tuent celles qui ne rapportent pas à la maison un raisonnable produit, à la cour c'est l'inverse, on chasse et tue moralement les hommes qui, faisant exception aux usages, travaillent avec zèle et parlent consciencieusement.

Charles Dubuquoy est chargé de la haute surveillance des cuisines, des acquisitions de ce qui se boit et se mange, des provisions de voyages, et comme toujours on aime à étendre ses attributions dans les palais surtout, Charles, qui du reste affiche une grande dévotion, est souvent l'acheteur des tableaux et des ornements d'église, que la bonne Reine accorde à de pauvres paroisses. Ce haut fonctionnaire devient alors une espèce de sacristain, très-puissant pour favoriser le succès des demandes du petit clergé des campagnes.

Uginet, autrefois intendant de Madame de Staël, est d'une grande intelligence pour les détails des voyages, il est après M^r. le général Atthalin le grand maître des nombreux valets. Pour arriver à cette place si recherchée par les jeunes militaires congédiés sortant des plus beaux corps de l'armée, Uginet est un vrai protecteur et comme Dubuquoy c'est un véritable pacha; heureux le valet qui obtient son gracieux regard d'intérêt. Le Roi, la Reine et Madame, qui s'habituent à ceux qui les servent depuis long-tems accordent une très-grande bienveillance à ces deux maîtres absolus de la domesticité royale, qui, je vous assure, gouvernent et règnent comme en Turquie d'après leurs seules idées. J'ai vu souvent que ces deux premiers valets étaient plus puissant que certains ministres qu'un souffle de mauvaise humeur des chambres pouvait renverser.

Dubuquoy se tient derrière le Roi pendant le dîner et S. M. daigne fréquemment lui adresser la parole pour approuver ou blâmer l'arrangement du service, les mets plus ou moins bien accommodés etc.

Le premier valet de chambre du Roi est Anglais et le sert depuis plus de trente ans. C'est dire qu'il a aussi un véritable crédit et ne se trouve assurément pas sans influence sur beaucoup d'objets hors des attributions de sa place.

Lapointe, qui remplit la même place auprès de la Reine est aussi un très-ancien et fidèle serviteur auquel Sa Majesté porte un grand intérêt.

Le frère de Mr. Uginet est aussi valet de chambre chez la Reine et comme Lapointe sert avec zèle et affection S. M. qui est du reste de la plus grande bonté pour eux et tous les autres gens de service. Je ne parle pas des femmes de chambres, de la lingerie, de la garderobe des princesses; ce sont aussi des personnes honnêtes, dévouées et méritants la confiance qu'on leur accorde.

Je me souviens à l'occasion des fonctionnaires subalternes de la maison royale, qu'un de ses Messieurs ayant amassé beaucoup trop vite une certaine aisance, demanda au Roi la permission de se retirer dans son pays ou *une tante* lui laissait une jolie fortune. „Je ne demande pas mieux," répondit S. M., „mais je souhaite de n'avoir pas été *votre oncle!*"

Comme je l'ai dit, la santé du Roi est excellente et pour la conserver S. M. suit un très-régulier régime de nourriture et lorsqu'elle a été très-fatiguée d'une revue, d'un voyage aussitôt son retour aux Tuileries, elle se met au bain pendant une heure au moins. Le Roi prend un soin particulier de ses vêtements et je l'ai vu une fois de très-mauvaise humeur d'avoir déchiré son habit, en passant près d'une porte des appartements; les papiers de son bureau particulier, les livres de sa bibliothèque personnelle sont rangés avec ordre et il n'aime pas qu'on les change de place pendant son absence. S. M. s'amuse à faire elle même des enveloppes de lettres tout en causant et souvent utilise celles des grandes dépêches pour cet usage, en les retournant. C'est une habitude de rien perdre des choses même de peu de valeur, qui peuvent encore servir.

Le Roi et la Reine reposent toujours dans un même lit, qui est presqu' aussi large que long, mais garni de deux parties différentes. Une moitié contient un seul sommier de crain, et l'autre d'excellents matelats et lits de plumes; ce côté est pour la Reine. Les princes et princesses sont habitués comme le Roi à coucher sur un simple sommier. Il y a toujours de la lumière dans la chambre de LL. MM. et deux pistolets sur la table de nuit, près du Roi.

S. M. n'aime ni le jeu, ni la chasse; le billard seulement dans les soirées intimes sert à la distraction du Roi, mais pour peu de tems, car il est très-rare que des dépêches royales ou importantes, la visite des ministres ou ambassadeurs étrangers laissent plus d'une heure de liberté à S. M.

Lorsque la famille royale habite Neuilly, elle fait souvent des promenades sur la Seine.

Plusieurs jolis petits bâtiments conduits par une compagnie de marins attachés à ce château, sont toujours prêts et parfaitement disposés pour ces agréables voyages. Le prince de Joinville dans sa jeunesse s'occupait beaucoup de cette marine en miniature et c'est avec elle que S. A. R. a commencé sa carrière d'amiral. Les jours qui précèdent les fêtes des membres de la famille, ou le premier de l'an ne laissent pas un instant de loisir à LL. MM. et à LL. AA. RR., le choix des nombreux cadeaux à faire réclamant une longue et patiente attention. On ne peut se figurer l'embarras de réunir les mille objets, que les princes veulent donner, au premier Janvier surtout. Il faut assortir ces présents aux âges, aux positions, à la fortune, aux goûts de chaque heureux privilégié que la faveur royale doit ce jour-là enchanter, consoler, récompenser, faire espérer. C'est le règne de la vanité, de la petite politique des palais et souvent on donne à la femme, à l'enfant pour gagner le mari, le père, et il est bien rare que les compliments et les vœux soient plus sincères au commencement de l'année que pendant les 365 jours dont elle se composera. J'ai vu des gens qui ne savaient comment publier assez le bonheur que leur causait un présent royal, c'était une sainte relique, qu'ils promenaient partout chez leurs amis et ennemis pour narguer les uns et les autres, puis quand plusieurs éditions de ces nombreuses allées et venues, de *reclames* dans les journaux étaient épuisées, ils ne rougissaient pas de vendre ces précieux souvenirs, souvent d'une trop grande bonté.

Les voyages du Roi et des princes offrent des scènes encore plus variées, et si nous ne craignions d'être indiscret, nous pourrions égayer le lecteur, mais ce ne serait pas généreux et d'ailleurs, nous ne voulons pas blesser certaines susceptibilités. Cependant, désirant compléter ces souvenirs, il nous sera permis d'ajouter en terminant les anecdotes, qui se présentent encore à notre mémoire.

Dans un grand dîner au château de Randan, où se trouvait toute la famille royale, un respectable curé des environs oubliant, que les vins des palais sont des flatteurs, qui cachent leur esprit, autant que les courtisans cherchent à montrer celui qu'ils n'ont pas, eut l'imprudence de vider un peu trop souvent son verre. Aussi, malgré le respect dû à l'illustre société, il s'endormit du plus profond sommeil. Le bruit de sa respiration attira les regards et l'attention de tous les convives et chacun en souriant se félicitait, de ne pas être à la place de ce pauvre ecclésiastique.

La Reine et le Roi donnent le signal pour sortir de table, tout le monde se lève excepté celui qu'un heureux rêve absorbe tout entier, et alors rapide comme l'électricité un rire général, à peine contenu par la présence de LL. MM., gagne toutes les personnes présentes, même celles de service, mais l'auguste et pieuse Reine fait entendre ces dignes et indulgentes paroles: „Messieurs, il vous est bien facile de conserver votre raison, puisque chaque jour vous regorgez du superflu, et de toutes sortes de vins, mais ce vieillard, qui se contente d'une modeste nourriture, qui boit de l'eau, qui manque souvent du nécessaire pour faire la charité aux pauvres, est bien excusable de ce qui lui arrive", et se retournant vers l'écuyer elle ajoute: „Qu'on fasse reconduire M^r. le curé chez lui dans ma voiture, en le priant d'accepter cent francs pour les malheureux de sa paroisse." On se rendit au salon et personne ne pensa plus à rire.

Un autre jour l'inspecteur des forêts de Madame, oubliant tous les usages des diners royaux, se permit d'adresser vingt fois la parole au Roi pour le *convaincre,* que dans toutes les écuries de S. M. il ne se trouvait pas un cheval aussi bon, aussi vigoureux, aussi bien fait, que son *entier Coco,* qu'il pariait lui, Mr. J... battre à la course toutes les montures des princes, etc. Le Roi eut la bonté de répondre à Mr. J...: „Je doute de ce que vous dites, sans pourtant attaquer la supériorité de votre bel animal, qui du reste ne me paraît pas d'une riche taille." „Pardonnez-moi, Sire," répliqua-t-il, „vous vous *trompez, Coco* est plus grand que votre bête favorite, et je ne changerais pas avec votre Majesté, certainement, demandez, etc." Prévoyant, que l'inconvenant inspecteur allait continuer avec cette trop grande chaleur l'apologie de Coco, le Roi eut la bienveillance de couper court cette conversation, en disant: „Mr. J..., j'accorde à votre bête non seulement toutes les qualités que vous énumérez, mais encore celles que vous nous laissez à deviner."

Pendant ce même voyage Madame Adélaïde voulut aller, accompagnée de moi seul, entendre la messe à l'église du village de Randan, sans avoir fait prévenir le curé, en sorte qu'il n'y avait pas de siége préparé pour S. A. R., et nous ne fûmes pas peu surpris de trouver les chaises des paroissiens ordinaires attachées toutes ensemble par des chaînes, aussi grosses que celles qui retiennent les condamnés des bagnes. Arrivé avec beaucoup de peines au premier rang, Madame allait prier, lorsqu'une charmante petite fille de paysan, qui sans doute voulait voir de près une princesse, et à laquelle on avait désigné S. A. R. vint se placer en face de sa chaise, et la fixant avec autant de curiosité que d'étonnement ne détourna pas une seconde les yeux pendant toute la messe.

Madame ne put s'empêcher de remarquer cette petite, qui, comme un ange envoyé du ciel, avait l'air de veiller à sa sûreté et d'être en adoration auprès d'elle; aussi le service divin terminé, S. A. R. l'embrassa tendrement et lui remit tout ce qu'elle avait de bonbons et de menues monnaies sur elle.

Les dépenses lors des voyages royaux excèdent toute limite, et comme il n'y a pas de tarif pour les repas, que prennent les princes dans les hôtels, il se trouve souvent parmi leurs propriétaires des gens assez peu délicats, pour demander en payement d'un dîner, d'un déjeuner en général assez mauvais douze ou quinze cents francs. Une fois M^r. Atthalin, qui acquitte ordinairement ces notes, vint consulter le Roi pour savoir, s'il fallait consentir à donner quinze cents francs pour un seul repas, S. M. répondit en riant: „Je crois, qu'un billet de mille francs est bien suffisant." On offrit cette somme à l'hôtelier, qui se garda bien de faire la moindre observation.

Le service des chevaux de poste étant fixé ne donne pas lieu à de tels abus, mais le Roi et les princes accordent toujours en sus des prix ordinaires de bonnes gratifications aux postillons; aussi la vitesse des chevaux est elle effrayante et pour mon compte j'aime tout autant voyager modestement dans les voitures publiques.

On ne peut se figurer quelle quantité de bagages, malles, coffres, gens de service, suivent la famille royale pendant les voyages, c'est comme une colonie, une nombreuse caravane, qui partirait pour plusieurs années, et jusqu'au plus obscur valet chacun veut ses aises et jouer en route le rôle d'un grand seigneur. J'ai vu souvent MM$^\text{rs}$. Dubuquoy, Uginet, les valets de chambre, allant en avant pour préparer les logements, faire les dispositions des dîners et des réceptions, recevoir avec importance et fierté des fonctionnaires élevés, des députés, des maires, qui, voulant présenter leurs hommages, prononcer des discours, demandaient humblement des détails sur le passage de LL. MM. ou de LL. AA. RR.

Il faut examiner aussi quelles peines se donnent les maîtres de maisons particulières, qui sollicitent et obtiennent l'honneur d'offrir l'hospitalité à la royale famille. Les uns, et c'est le plus grand nombre, perdent la tête, et malgré d'énormes dépenses ne peuvent parvenir à recevoir dignement et commodément ces illustres voyageurs, et je dois m'empresser de dire, que le véritable embarras de ces réceptions est causé par les exigences et le peu de savoir-vivre des gens de la suite, car le Roi, la Reine, Madame, les autres princes et princesses sont toujours de la plus grande simplicité, et savent continuellement se mettre à la portée des personnes qui les reçoivent.

L'usage ancien, qui remet aux princes toute l'autorité des maîtres de maisons, aussitôt qu'ils daignent en accepter une hospitalité bourgeoise, existe toujours, et c'est par son observance que le choix des invités aux diners, bals et fêtes, est fait par LL. MM. ou LL. AA. RR.

Les sommes nécessaires à ces fréquents voyages de la maison royale deviennent souvent considérables, et je me souviens, qu'en 1832 les revenus ne suffisant plus, Madame fit un emprunt de trois millions et en me parlant de cette circonstance dont elle ne se plaignait pas, ne voulant rien demander ni accepter de la liste civile, S. A. R. ajouta : „Voilà comme la royauté nous enrichit, on demande tous les jours ce que le Roi fait de son argent, il faudrait publier le nom d'honorables amis de la liberté, qui par suite de mauvaises affaires ont sollicité et obtenu de lui des vingt, trente, quarante et jusqu'à trois cent mille francs. On ne tient aucun compte des dépenses extraordinaires, que mon frère a été obligé de faire; ainsi la table des officiers de service semblable à la nôtre, le nombre des voitures, des chevaux, des gens à entretenir est considérable, et le Roi ne pouvait faire autrement! On veut du luxe pour Paris, et les députés, qui crient le plus fort sont ceux qui apostillent le plus de demandes! Mon frère avec ses revenus a fini le Palais-Royal, amélioré les apanages de la maison d'Orléans, et pourtant ces propriétés doivent tôt ou tard retourner à l'Etat. Lorsque nous sommes revenus en France, nous avons trouvé notre fortune si abimée, que le conseil de mon frère l'engageait à renoncer à la succession, chose que ni lui ni moi n'eussions fait dans aucun cas, voilà, M`r`. Appert, des choses dont on ne tient aucun compte. L'ordre du Roi, notre vie antérieure à la Révolution, tout cela n'est rien. Voit-on autour de nous des favoris, des hommes dont la position a changé même depuis les journées de Juillet. En vérité, M`r`. Appert, on ne sait que faire et comment inspirer la confiance que nos opinions, notre conscience nous disent, que nous méritons sous tous les rapports, mais grâce à Dieu on ne peut rien nous reprocher avec vérité, et le bon sens de la Nation fera justice, nous avons besoin de le croire de toutes ces infamies, etc." *

Comme je l'ai déjà dit, j'écrivais tous les soirs mes remarques de la journée. Ces notes que je conserve soigneusement forment un mémorial, que je publierai peut-être plus tard, sans y retrancher ou ajouter un mot.

Pour donner l'idée de l'intérêt, qu'il pourrait offrir, je transcrirai fidèlement la note du 8 Août 1835 écrite à Neuilly dans cette même soirée.

Visite aux Tuileries le 8 Août, lendemain du Te Deum.

* Cette conversation a eu lieu le 23 Janvier 1832 à une heure et demie. Je la copie dans mes notes écrites chaque soir.

La Reine me reçoit avec une bonté particulière, et me dit qu'elle est contente de me voir. S. M. accorde les cent louis, que je lui demande pour les prix aux écoles de Paris. Me parle de Fieschi, ajoutant: „Mʳ. Appert, c'est un crime bien épouvantable! On conçoit un frénétique comme Louvel, mais un misérable, qui pour tuer un homme risque d'en assasiner vingt, trente autres indistinctement, c'est horrible et sans exemple! Ah! Mʳ. Appert, on ne vit plus, et la moindre personne du royaume est plus heureuse que nous; mais Dieu le veut, ainsi il faut supporter ce qu'il nous envoie. Depuis cette affreuse tentative d'assasinat il n'est plus de tranquillité pour nous, etc." Pendant cette conversation j'étais assis auprès de cette vertueuse princesse, dont la physionomie était visiblement altérée, ses yeux s'élevaient au ciel et se mouillaient de larmes!

La dignité, la noblesse des expressions de la Reine, me touchèrent profondément et j'oubliai peut-être dans mes réponses de garder toute la réserve qu'impose ordinairement le ton sérieux, quoiqu'excellent de Marie-Amélie. Jamais S. M. ne m'accueillit avec autant de bienveillance; elle me parla avec une extrême douleur de ce pauvre Oudard, qu'elle a visité hier chez lui avec Madame Adélaïde. On ne peut rapporter les preuves de cette touchante et sublime bonté. Mon coeur et mon esprit, en sortant de chez la Reine, était vraiment dans l'admiration.

Visite à Madame.

J'allai chez Madame, qui peu de tems après mon arrivée dans son antichambre venait du cabinet du Roi. Lorsqu'elle me vit, elle fit un sourire très-gracieux en me disant: „Bon jour, cher Mr. Appert, je suis fort aise de vous voir, combien de tristes événements depuis si peu de tems!" Je la suivis dans son cabinet. Là S. A. R. d'un ton élevé et fort agité s'exprima ainsi: „Savez-vous, bien Mr. Appert, que je dessèche sur pied! L'horrible attentat contre le Roi, pour lequel je donnerais mille vies, ne nous laisse plus de repos; comme je vous l'ai dit, depuis la Révolution de 1830 les Carlistes arrêtent à chaque instant par leurs intrigues et leur alliance avec les Républicains l'état prospère de la France; les Carlistes trop lâches pour agir par eux-mêmes, payent et conseillent les Républicains, qui ont plus de courage et de bonne foi dans leurs coupables entreprises, mais qui sont dupes de ces misérables! Mr. Thiers et Gisquet nous sont, je crois, dévoués, mais, M^r. Appert, il y a quelque chose au-dessus d'eux qui paralyse tout! Le pays est excellent, ces bons Français sont unanimes sur l'horrible tentative, mais on en reste là. Nos ennemis marchent toujours, et l'impunité des coupables renvoyés devant la justice devient extrêmement dangereuse." S. A. R. enumère toutes les émeutes, les procès, les emprisonnements, et dit: „On arrête de malheureux ouvriers, qui ont été entraînés, et payés, et jamais on ne trouve le provocateur, ni un des chefs. Cependant c'est ce qu'il faudrait et alors on saurait à quoi s'en tenir. On a poussé mon frère à ordonner l'état de siége, et la cour de cassation, composée en partie de Carlistes, a déclaré *la mesure illégale,* vous savez, que le Roi n'en voulait pas plus que moi! Ce procès interminable de la chambre des Paris, etc., tout marche contre le bon sens et les intérêts bien entendus du pays!"

Madame me parle de la lettre de l'archevêque de P...., en ajoutant: „Elle n'est pas sincère, il est venu se rapprocher, parcequ'il aura eu peur que quelque dénonciation de Fieschi ne compromette son parti; moi je ne me fie pas à lui! La Reine ne croit pas, elle, que ce soient les Carlistes, qui nous créent tant d'embarras elle compte sur leur retour à nous, moi je les déteste et n'espère rien de ces gens-là. Ils ont plus d'horreur pour tout ce qui porte le nom d'Orléans, qu'il n'en avaient pour Napoléon; dites donc à ma soeur, ce que vous pensez à cet égard, et ce que vous savez, cela peut lui ouvrir les yeux! Je suis Française jusqu'au bout des ongles, et c'est pour cela que je gémis sur ce qui se passe. Il est tems, que tous les honnêtes gens disent, ce qu'ils savent des complots *des Carlistes* et des Républicains, leurs agents; et si on relâche toujours les Trétat, les Cavaignac, les Raspail, etc., et les ultras de la Vendée, après les avoir mis en prison timidement, nous ne viendrons jamais à bout de régner. Je ne cesse de le dire, les Républicains doivent être corrigés par les lois, les Carlistes par la peur, qui leur est naturelle, et par la fermeté que doit déployer le gouvernement!" Je dis à S. A. R., que Fieschi me connaissait et que peut-être il me dirait bien des choses: „Gardez-vous, bon Mr. Appert, de vous mêler de cette affaire, on le verrait avec déplaisir en haut lieu, attendons l'instruction de la justice, mais je crains bien qu'on ne sache encore rien, car on s'y prend mal, quelque chose d'inconnu et d'élevé empêche d'arriver à la découverte des grands coupables, et voilà pourtant ce qu'il faudrait pour déconcerter ces ennemis implacables de la France et de son repos. Dieu a préservé mon frère et mes neveux par miracle, je l'en remercie du fond de l'âme, et je ne lui demande plus qu'une grâce, *c'est de découvrir les véritables conspirateurs,* et d'éclairer enfin sur leurs complots, et sur le mal, qu'ils feront si on ne porte un prompt remède à leur infernales machinations." Madame avait les larmes aux yeux et était fort agitée, pendant cette conversation, qui a duré plus de vingt minutes.

En me parlant de l'arrivée de M\ Oudard, S. A. R. a terminé, en disant: „Je donnerais l'un de mes doigts pour le sauver, *c'est un ami dévoué au Roi, et nous n'en faisons plus!*" J'allais parler à Madame de ses écoles de Randan, mais l'impression de cette conversation était si profonde sur moi, que S. A. R., s'en apercevant me dit: „M\ Appert, remettons à un autre jour, ce que nous avions à nous dire sur les pétitions, cependant s'il y quelque chose de pressé, faites-le; j'accorde avec grand plaisir les cinq cents francs pour donner avec le Roi, ma soeur et le duc d'Orléans des prix aux écoles élémentaires, c'est de l'argent bien placé que celui qui encourage l'instruction du peuple."

Ces curieux et véridiques détails mettent le lecteur à même de juger les opinions et les difficultés politiques, qu'eut à vaincre le Roi Louis-Philippe à part les abominables tentatives d'assassinats dont nous avons déjà parlé.

Nous terminerons enfin ces Souvenirs par quelques lettres originales, qui nous ont été adressées, et relatives aux écrits et sujets nommés précédemment.

LETTRE DE M. BENJAMIN CONSTANT.

J'ai lu, Monsieur, avec beaucoup d'intérêt et une véritable reconnoissance pour l'auteur votre ouvrage sur les hospices, les prisons et l'éducation première. Les citoyens qui, sans se décourager, luttent comme vous contre la tendance du moment, et la ligue des ennemis de l'humanité en faveur de l'ignorance, le plus sûr moyen d'établir ou de prolonger la servitude, méritent bien de leur siècle et de leur pays, et le tems viendra où l'opinion libre et réveillée leur accordera la récompense qu'elle leur doit. Je me fais un devoir de le devancer par mon suffrage, quelque peu important qu'il soit, et je vous prie d'agréer, Monsieur, les assurances de ma profonde estime et de ma très-haute considération.

Paris ce 30 Juillet 1824.

B. Constant.

LETTRE DE M. GUIZOT.

Je vous dois mille remerciments, Monsieur, de votre persévérance dans vos bonnes offres pour l'enseignement mutuel à Liége ; mais d'après les nouvelles que je viens de recevoir, les Liégeois n'en profiteront pas encore. Le Roi des Pays-Bas a fondé à Liége, en remplacement des Ignorantins, deux grandes écoles primaires, et la ville a cru devoir, dans ce moment-ci, ne pas entrer en concurrence avec des établissemens dont elle est fort reconnoissante. On n'en a pas moins été très-sensible à votre proposition ; gardez, je vous prie, pour l'avenir cette bonne volonté et recevez l'assurance de mes sentimens les plus distingués.

26. Déc. *Guizot.*

LETTRE DE M. PESTALOZZI.

Monsieur et très-respectable ami de l'humanité.

La vicissitude de ma santé, l'urgence des devoirs et des nécessités momentanées et spécialement mon désir de vous communiquer une brochure, dont la publication est retardée par les mêmes circonstances, sont les vraies causes, auxquelles je vous prie d'attribuer la paresse de faute impardonnable d'avoir manqué jusqu'à ce jour de vous écrire; veuillez bien le pardonner et ne pas l'attribuer à un manque d'attention, d'attachement réel et sincère, que j'ai aux vues bienfaisantes, dont vous vous occupez avec un zèle si digne.

L'éducation de la jeunesse est l'objet de tous les efforts de ma vie, et je sens vivement, à quel point un homme qui se voue *dans nos circonstances* avec ardeur et sincérité à cette tâche qui devient toujours plus pénible et plus épineuse, mérite de respect et de reconnoissance.

Tout ce qui tend à la perfection du système de Lancastre, m'intéresse de coeur et d'âme, et je reconnois certainement votre mérite sur ce point, je pense beaucoup sur ce système, c'est un *gouvernail*, et il faut vérifier et éclaircir l'homme, qui le prend dans sa main et veut gouverner d'après ces principes; il faut que les objets d'instruction, que l'on veut soumettre à ce gouvernement, soyent arrangés et organisés auparavant, avec le plus haut raffinement de la Psychologie, afin que l'impression de ce que les enfans apprennent en cette forme sur leurs facultés intellectuelles se trouvent en harmonie et en équilibre avec l'impression, qu'en reçoit leur mémoire.

Je sens le mérite que vous avez sur ces points, et je souhaiterois fortement être dans le cas de m'entretenir personnellement avec vous, mais à mon âge je ne peux pas espérer de vous voir chez vous, et je dois me contenter de l'espoir que peut-être des circonstances heureuses vous amèneront une fois dans nos environs, j'ai plusieurs essais sur l'instruction des langues, de même que sur quelques marches d'instruction, dont les bases sont purement intuitives, que je crois très-propres à être employées dans les formes de l'enseignement mutuel.

Monsieur de Rougemont, à qui je dois l'honneur de vous connoître, est un de mes premiers amis, et connoît depuis une longue série d'années les efforts, que je fais sur l'éducation, et mes vues individuelles sur cet objet, je suis enchanté de connoître en vous un ami de ce respectable ami de l'humanité et de la patrie.

Je suis charmé de pouvoir faire par vous la connoissance de M^r. le Comte de Lasteyrie, et je souhaite fort d'avoir par ce moyen l'occasion de venir en quelque relation avec lui. Je ne manquerai pas de profiter de cette occasion, pour lui envoyer la brochure que je ferai imprimer sous peu.

Agréez, Monsieur et très-respectable ami de l'humanité, l'expression de mes sentimens distingués pour vos nobles travaux, et l'assurance de la parfaite estime avec laquelle

j'ai l'honneur d'être

Votre très-humble serviteur
Yverdun 13 May 1822. *Pestalozzi.*

LETTRE DU DUC DE DOUDEAUVILLE.

Paris ce 21 mars 1831.

D'après le changement de ministère, Monsieur, je crois nécessaire de renouveler vos démarches. Je vous envoie donc une nouvelle note; pour en assurer le succès, on agit d'un autre côté auprès du garde des sceaux, et l'on seconde ainsi vos efforts. Ils seront heureux, j'en suis persuadé, d'après la confiance que j'ai, dans vos moyens de tout genre, et dans votre obligeance. Ne le soyez pas moins, Monsieur, de mes sincères remerciments, et des sentiments avec lesquels j'ai l'honneur d'être votre très-humble et très-obéissant serviteur

Duc de Doudeauville.

LETTRE DE M. CASIMIR DELAVIGNE.

Monsieur et ami,
permettez moi de recommander à votre humanité la femme Jussan, dont les bienfaits de la Reine ont adouci l'année dernière l'extrême détresse. Sa misère est encore plus horrible aujourd'hui; son mari est malade sur la paille, sans feu, sans couverture, sans remèdes; ses trois enfans meurent de faim. Je vous en supplie, mon ami, venez promptement au secours de cette famille au désespoir, j'appelle sur elle toute votre pitié.

Recevez la nouvelle assurance de ma haute estime et de mon amitié bien sincère.

Paris, ce 9 decembre 1831.

Casimir Delavigne.

LETTRE DE M. ETIENNE.

Mon cher ami.

50 morts, 50 malades dangereusement, déjà 48 orphelins de père et de mère, des enfants qui meurent dans leur berceau auprès du cercueil de leurs pères, des cadavres, qu'on ne peut ensevelir faute de bras, voilà l'affreux tableau, qu'offre la petite commune de *Mortaincourt* (canton de Void), à peine peuplée de 345 individus.

La moisson n'y sera pas recueillie, elle est sans bras pour le travail, sans revenus pour l'indigence.

Au nom du ciel, mettez ce lugubre spectacle sous les yeux de la Reine et de Mme. Adélaïde. J'invoque en mon nom leur admirable compassion et qu'elles soient une providence pour tant d'infortunes. Mes compatriotes vous devront cette bonne action ajoutée à tant d'autres.

Paris ce 31 Août 1832.

Tout à vous

Etienne.

LETTRE DE M. LE DUC DE CHOISEUL.

Monsieur.

Je reçois avec une sensible reconnaissance votre bel et intéressant ouvrage, et je vais le lire avec ce vif intérêt, que l'ouvrage et son auteur m'inspirent. J'ai été malade et long-tems souffrant. Je suis mieux, et je serais très-heureux, si Jeudy vous vouliez reprendre vos bonnes habitudes de venir déjeûner chez moi, et y recevoir mes remerciments, que je voudrais vous mieux exprimer.

Veuillez, Monsieur, agréer l'assurance de mon très-inviolable et ancien attachement et celle de ma considération la plus distinguée.

Ce 11 Avril 1836.

Le duc de Choiseul.

LETTRE DE M. BÉRANGER.

Monsieur.

C'est encore moi, mot par lequel je suis forcé de commencer toutes les lettres que je vous adresse; c'est encore pour mes pauvres vieux *P.....* de Bezons. S. M. la Reine a eu la bonté de me faire dire, qu'elle continuerait les secours qu'à ma recommandation sa bonté avait tant de fois accordés. Que votre obligeance prenne part à une si bonne intention, Monsieur, et j'aurais moins à regretter de m'être tant éloigné de Paris. Je désirerais, que vous voulussiez envoyer à *M^r. Béga,* qui demeure maintenant *rue Vineuse N° 13 à Passy,* la petite somme dont vous pouvez disposer pour mes vieillards de Bezons. Ils en ont bien besoin: leurs 86 ans les livrent à de graves infirmités et ils n'ont que moi et M^r. Béga pour quêter à leur intention.

S. M. m'ayant fait dire, qu'elle continuerait aussi les secours accordés par elle à Fontainebleau, à la veuve L . . . . . et à la femme Gout. . . ., mère de cinq enfants; pourriez-vous, Monsieur, pousser l'obligeance jusqu'à les faire parvenir dans cette ville? Je doute, que cela soit possible. Mais si vous remettiez le tout à Mme. Béga, en lui marquant les parts qu'elle doit faire, moi je ferais remettre par un ami, que j'ai laissé à Fontainebleau la portion de secours, que vous appliqueriez à ces deux pauvres femmes. Je sens que j'abuse de votre bonté; mais je sais aussi combien elle est grande et quel zèle vous mettez à remplir les intentions généreuses de la Reine.

Je vous dois bien des remerciments, Monsieur, pour tout le fruit, que j'ai retiré de la lecture de votre ouvrage, que mon déménagement ne m'a laissé le tems de lire que depuis mon séjour ici. Cette production complette la mission que votre coeur vous a fait remplir, et vous y donnez les preuves d'un talent d'écrivain auquel ne semblait pas vous obliger votre rôle actif dans un si bel apostolat. Que de réflexions ne faites vous pas faire, et combien ne serait-il pas à désirer que ceux, qui font les lois, eussent su et pu comme vous, en suivre les conséquences jusqu'à leur terme fatal! au moins pourront-ils vous lire, et pourrez-vous les éclairer! C'est un nouveau service rendu que d'avoir su tirer de cette triste matière un livre dont la lecture peut convenir même aux gens du monde. Applaudissez-vous de votre succès, Monsieur, il n'en est pas d'un genre plus utile et plus honorable.

Recevez, avec une nouvelle excuse de mon importunité habituelle, Monsieur, l'assurance de ma considération la plus distinguée.

Votre très-humble serviteur

29 Janvier 1837. *Béranger.*

à *Tours.*

LETTRE D'ALEXANDRE DUMAS.

Mon cher Appert.

Voici un brave homme bien innocemment compromis par moi et que je vous recommande.

Lors de cette malheureuse affaire des poudres de Soissons, qui (à cette époque et pour me servir des expressions du duc d'Orléans) était belle comme un de mes drames, et que maintenant j'ose à peine avouer à mes amis intimes, quelques braves gens du peuple, me prêtèrent main forte pour comprimer Bourgeoisie et Noblesse. Celui, que je vous adresse, faisait partie de ma clientelle, mais le brave homme a perdu la sienne grâce au coup d'épaule qu'il m'avait donné. Ses pratiques (il était boulanger) le quittèrent, car ils ne voulaient pas manger le pain pétri par un patriote, et comme sans pratique il ne pouvait pas vivre, quand il s'est vu sur le point de mourir de faim, il est venu me dire: „*du pain ou des pratiques.*"

Du pain j'en ai pour moi tout juste et Dieu me le conserve, *des pratiques*, je ne pouvais pas lui donner des miennes, n'en ayant pas trop. Alors il a pensé à se faire un mérite de son patriotisme de 1830 pour obtenir un petit Bureau de Tabac en 1832.

Ici s'est présentée une autre difficulté, c'est de faire comprendre à ce brave homme, que celui qu'il a vu, enlevant en 1830 des milliers de poudres, une hache et un pistolet à la main, ne pouvait pas en 1832 par ces mêmes moyens lui faire cadeau du moindre Bureau de tabac des 86 départemens.

Dans cette conjoncture j'ai pensé à vous. Je vous l'envoie avec une demande, M^r. Denos chef du personnel s'en charge pour peu qu'elle soit recommandée, et il me dit que votre nom le recommanderait beaucoup.

Je crois en outre que le pauvre diable meurt de faim et qu'un petit secours d'une cinquantaine de francs lui ferait bien plaisir. Là-dessus pas un mot ne m'a été dit et c'est une présomption. Demandez le lui.

Mille amitiés fidèles
Alex. Dumas.

Réponse s'il vous plaît.

LETTRE DE M. DAUSMESNIL (LA JAMBE DE BOIS).

Vincennes le 23 Juin 1832.
Mon cher Monsieur Appert.

Je viens encore vous faire une demande. Je craindrais cependant que Sa Majesté, notre excellente Reine, ne me trouvât indiscret, si sa bonté touchante ne devait bientôt m'excuser en faveur du motif, car elle est de tous les malheureux le refuge, et tous la bénissent comme une providence.... Voici l'exposé de la position de Mme. Moug...., en faveur de laquelle je sollicite, femme du lieut^t. Moug...., actuellement à Cherbourg et auparavant à Vincennes. Lors du départ des vétérans, Mme. Moug.... ne put accompagner son mari avec ses 6 enfans. Je lui laissai son logement, ne voulant pas la laisser sur le pavé — depuis 15 mois elle habite le château. Son mari touche 66 fr. par mois à Cherbourg. Il lui en envoie 30 dont voici l'emploi: pour l'aîné de ses enfants, âgé de 17 ans apprentif tapissier à Paris, 6 francs par mois et 3 pains de munition par semaine. — Pour le 3ème., âgé de 14 ans apprentif bijoutier, 5 fr. par semaine. — Le second, qui a 15 ans, est chez elle et toujours malade. — Les autres enfans sont aussi près d'elle, savoir un garçon de 9 ans, une fille de 11 et une de 5. Toute cette famille ne vit que de pain de munition, et mène au château une conduite exemplaire. — S'il était possible de faire placer un de ses enfans, ou de lui accorder un secours annuel pour l'aider à vivre et à élever sa famille, ce serait un grand bienfait, qu'elle mérite. Soyez mon interprète près de Sa Majesté, mon cher Monsieur Appert, et veuillez bien lui témoigner la respectueuse reconnaissance de son tout dévoué et bien dévoué serviteur.

Agréez, je vous prie, l'assurance de mon sincère attachement et de ma considération distinguée.

Le Lieut'. G^{al}. Command'. Supérieur de Vincennes
B^{on}. *Daumesnil.*

LETTRE DE M. DE JOUY (DE L'ACAD. FRANÇ.).

Paris 19 Avril 1836.
Monsieur.

J'ai attendu pour vous remercier du présent que vous m'avez fait, qu'une première lecture de votre ouvrage m'ait permis d'en apprécier tout le mérite. On ne manquera pas de vous reprocher d'avoir appelé trop d'intérêt sur une classe d'hommes que la société a rejetés de son sein, comme si la pitié n'était pas un sentiment divin et le seul, où l'excès même ne puisse jamais être condamnable. — Ce qu'il y a de certain, selon moi, c'est que votre livre est à la fois un bon ouvrage et une bonne action, et qu'il ne peut manquer de figurer, en première ligne, l'année prochaine dans le concours, ouvert par le vénérable Monthyon, en faveur de l'ouvrage le plus utile aux moeurs.

Recevez, Monsieur, avec tous mes remercîments l'assurance de ma parfaite considération et de ma plus haute estime pour des talents dont vous faites un si noble et si généreux usage.

Tout à vous d'esprit et de coeur.

Jouy.

*Tout ce que j'ai dit de la famille San-
son, rendra peut-être intéressante la note
autographe que je retrouve dans mes lettres.
Je n'en changerai pas un mot ni l'orthographe.*

NOTE DU BOURREAU DE PARIS.

Après des recherches assez laborieuses et difficiles il en est résulté ce qui suit, que depuis un tems immémorial les Exécuteurs de France & notamment celui de paris Persevaient pour leur tenir lieu de revenus un droit qui avait une dénomination différente suivant les diverses Provinces ou il était en usage, à Paris il était appelé droit de *Havage*. Ce droit consistait à percevoir à l'entrée des portes de la ville et dans les marchés sur chaque espèce de grains, Légumes, fruits et autres comestibles une rétribution modique. laquelle répétée suivant le nombre des personnes qui venaient vendre au marché finissait par former une somme assez considérable pour faire exister l'exécuteur & les preposés à la perception de ce droit. il est aisé de se faire approximativement l'idée du revenu qu'il rapportait d'après la population des villes ou il s'exerçait & principalement à Paris ou il se faisait une grande consommation de toutes espèces de denrées. ce droit au moment de sa suppression pouvait rapporter de trente à soixante mille francs par an. il fallait à L'exécuteur de Paris un nombre de préposés égal à la quantité de barrières existantes à ces époques, il se montait de quinze à vingt au moins et toutes étaient bien payées & quoique le droit ne fut pas onéreux pour chaque individu en particulier, il était toujours vu par la multitude d'une manière très desagréable & donnait souvent lieu à des rixes & à des disputes perpétuelles entre les préposés et les habitants de la campagne qui approvisionnaient les marchés. les discussions incessantes qui existaient à cet égard avaient donné naissance à une haine réciproque entre eux & comme naturellement les paysans sont peu endurant et peu polis ils cherchaient à les insulter dans ces fonctions en les nommant Valets de Bourreaux dont par la suite est venu le proverbe *insolent comme un valet de bourreau*. quoi que l'exécuteur fut toujours soutenu dans son droit par l'authorité & par un tarif homologué par ordonnance, il en résultait des plaintes souvent renouvellées qui à la fin fatiguèrent tellement les authorités que Son Altesse Royale le Duc D'orléans, régent du Royaume supprima à Paris le Droit de Navage en 1721 et créa à sa place par arrêt du 1 octobre de la même année une indemnité de seize mil francs par an pour en faire un traitement à l'exécuteur de Paris. Ce traitement fut payé par le trésor Royal jusqu'en l'année 1725, alors par un arrêt du conseil d'état du Roy en date du quatorze Janvier de la même année cette somme de 16000 fr. fut transportée sur la caisse des administrateurs des domaines & bois de la généralité de Paris, ce qui a été constamment suivi jusqu'en l'année 1793, ou la convention Nationale s'occupa de faire une Loy dattée du 13 juin, qui organisa tous les exécuteurs de France.

Les lettres de provisions pour l'office d'exécuteur à Paris accordées à Charles Jean Baptiste Sanson sont en date du 10 septembre 1726 & enregistrées à la chambre des comptes le 18 février 1727. Celles accordées à Charles Henry Sanson, son fils du 12 août 1778 & portant que l'exécuteur jouira du traitement de 16000 fr. attachés au dit office, plus du logement du Pilory, ainsi que d'autres droits y attachés comme port d'armes offensives & défensives pour lui & ses préposés, exemptions et contributions &ct. la maison du Pilory qualifiée anciennement d'hotel de l'exécuteur a été démolie en vertu de lettres patentes du Roy données à St. Cloud le 20 Janvier 1786.

Les exécuteurs ont obtenu plusieurs arrêts du conseil d'état du Roy, qui deffendent de leur donner la qualification de bourreaux. le premier qu'ils connoissent est donné par le parlement de Rouen & en date du 7 septembre 1681. le 2e. est du 7 juillet 1781 & le troisième donné à Versailles le douze janvier 1787, en conseil d'état le Roy y étant présent.

La lettre qui invite l'exécuteur à assister à l'essay de la machine à décapiter dans la maison de Bicètre est du 16 avril 1792 et le 1e individu qui a subi cette peine doit l'avoir subi dans le courant de ce mois ou en may suivant. la lettre est signée Rœderer.

Le trois de février 1832 le nommé Marie Desandrieux a le premier subi la peine capitale sur la place de la barrière St. Jacques.

L'exécution de la marque qui avait été supprimée à la Révolution a été rétablie par une Loy rendue le 23 floréal an Dix (13 may 1802) les marques étaient diverses selon la nature des délits. Celle F qui était la plus simple s'appliquait aux faussaires, condamnés soit à la détention ou à la réclusion. Aux faussaires condamnés aux travaux forcés à tems on appliquait les deux lettres TF & à ceux condamnés aux travaux forcés à perpétuité on leur appliquait les trois lettres TPF — la lettre T seulement était pour les condamnés aux travaux forcés à tems & celles TP pour ceux condamnés à perpétuité. En avant de ces lettres était le numéro du département. Dans l'ordre alphabétique d'alors Paris avait le numéro 87. Ces numéros avaient un pouce de hauteur et étaient figurés ainsi $_8$,T. Cette Loy a été adressée à M. le commissaire du gouvernement alors qui remplissait les fonctions du Procureur général le 2 fructidor an 10 & transmise pour être exécutée à partir du lendemain 3 du même mois.

La première exécution de ce genre a été faite le 22 fructidor suivant sur quatre individus condamnés à cette peine.

Immédiatement après l'application de la marque on mettait sur l'épaule de l'individu avec un tampon de bois recouvert en peau une pomade faite avec du saindoux & de la poudre pilée; on avait jugé que cette pomade pourrait remplacer le tatouage & devenir ineffaçable mais on se trompa, la brulure ne se guérit pas sans escare & quant l'escare tombe, la surpeau qui repousse redevient blanche. Ces sortes de marques ont eu lieu jusqu'au 21 juin 1811, à cette époque la cour impériale de Paris ayant été classée par ordre alphabétique au numéro 27 on fut obligé de refaire d'autres marques qui elles mêmes furent encore rechangées le 25 mars 1820, jour auquel on donna l'ordre de faire disparaitre les numéros par toute la France. en 1830 la marque et le careau furent supprimés.

FIN.

BERLIN, IMPRIMÉ CHEZ TROWITZSCH & FILS.

TABLE DU TROISIÈME VOLUME.

		Page
Chapitre I.	Visite au bourreau de Paris. Diners à Neuilly	1
„ II.	Quelques hommes politiques	23
„ III.	Voyages avant 1830	45
„ IV.	Les philanthropes avant 1830	72
„ V.	Dîners du quai d'Orsay et de Neuilly après 1830	95
„ VI.	Suite de l'examen de l'histoire de dix ans par Mr. Louis Blanc	115
„ VII.	Suite de l'examen de l'histoire de dix ans	137
„ VIII.	Mariages des souverains et des princes	155
„ IX.	Palais, châteaux, galeries de tableaux, créés ou embellis par Louis Philippe	165
„ X.	Suite de l'examen de l'histoire de dix ans	180
„ XI.	Souvenirs divers	197
„ XII.	Relations étrangères	222
„ XIII.	Mort de Napoléon. Arrivée de ses cendres à Paris. Mort du duc d'Orléans	237
„ XIV.	Relations françaises	248
„ XV.	Souvenirs divers	273

LETTRES ORIGINALES

adressées à Mr. Appert et relatives aux écrits et sujets nommés précédemment.

	Page
LETTRE de M. Benjamin Constant	318
„ de M. Guizot	319
„ de M. Pestalozzi	319
„ du duc de Doudeauville	322
„ de M. Casimir Delavigne	323
„ de M. Etienne	324
„ de M. le duc de Choiseul	325
„ de M. Béranger	325
„ d'Alexandre Dumas	328
„ de M. Daumesnil (la jambe de bois)	330
„ de M. de Jouy (de l'Académie française)	331
NOTE DU BOURREAU DE PARIS	333

www.ingramcontent.com/pod-product-compliance
Lightning Source LLC
Chambersburg PA
CBHW060501170426
43199CB00011B/1289